幻覺與夢

佛洛伊德與威廉煙森的《格拉底瓦》

佛洛伊德Sigmund Freud 威廉·煙森Wilhelm Jensen——著
陳蒼多 譯 林宏濤 校訂

GRADIVA Ein pompejanisches Phantasiestück
Der Wahn und die Träume in W. Jensens "Gradiva"

推薦序一

永恆的幻覺與夢

中文讀者對於佛洛伊德（Sigmund Freud）並不陌生，知道他是開創現代精神分析的奧地利（不是德國）精神分析師和哲學家，累積了無數官能症與歇斯底里症臨床個案研究，開創無意識（the unconscious）、夢的解析、本我／自我／超我心靈結構、性、欲望與本能等理論，對於現代心理學理論與精神醫學診療甚至是現代哲學都有不可抹滅的影響。然而，中文出版界也許比較少單獨出版佛洛伊德的文學研究，其實那也是精神分析理論的重要基礎。本書的出版正好可以讓中文讀者填補這樣的不足。

〈威廉・煙森《格拉底瓦》裡的幻覺與夢〉是佛洛伊德在一九〇七年所出版，而且是他寫過最長的一篇文學評論。德國小說家兼詩人威廉・煙森（Wilhelm Jansen，一八三七～一九一一）除了《格拉底瓦》之外，其實還創作了將近一百五十多篇故事與詩作，但並未引起廣泛關注。《格拉底瓦》描述一位德國考古學家諾貝・哈諾在造訪羅馬博物館之後偶然取得一座石膏塑像，自此著迷於雕像上那體態優雅的少女。令人驚奇的是諾貝・哈諾真的在真實世界裡遇見那少女。於是整個故事就環繞在那少女謎樣的身分、諾貝・哈諾的夢境和幻覺、真實與虛構的擺盪之間。

有別於一般的怪談小說（weird fiction），《格拉底瓦》的故事氛圍除了懸疑鬼魅之外，還多了一些穿越兩千年時空的浪漫。主人翁以考古學為業是小說絕妙的安排，考古學追根究柢釐清時間進程的科學精神無助於諾貝・哈諾走出謎團和治癒他的執迷，屬於遙遠過去的東西以鬼魅的樣態纏繞著當下的每一個角落。如小說所描述的，「大自然或許是心存慈悲，不知不覺在諾貝・哈諾的血液裡注入完全不科學的矯正劑，那就是一種活活潑潑的想像力，不僅在夢中，也時常出現在清醒的時刻，使得他無法適應一板一眼的研究方法」。我們甚至可直言，諾貝・哈諾是一個受到本能衝動驅使的角色。從佛洛伊德精神分析的角度來說，本能衝動總是以反覆的方式進行，「即視感」（déjà vu）則是很常見的一種類型，足以說明諾貝・哈諾在整個小說裡的經歷。

毫無疑問，《格拉底瓦》提供了佛洛伊德展演精神分析理論絕佳的機會，當然，我們不會認為文學作品並非只為了理論而存在因而否定其獨立性。小說文本如同《聖經》、希臘羅馬神話故事、童話故事和臨床診療個案都提供精神分析知識體系相當豐富的素材。精神分析也並非一套艱澀難懂冷冰冰的專業領域，它引領我們從夢境、笑話、說溜嘴、症狀等再日常不過的經驗中，一窺無意識的黑暗大陸。佛洛伊德一直以來都想透過作家的作品印證研究成果，他對於煙森獲得深厚的精神分析知識深感折服。如佛洛伊德所言，「威廉煙森為精神病提供了正確的方法，讓我們在其中衡量對於心理世界的理解，他的作品是一個有關疾病和治療的故事，作為臨床心理學的基本學說」。

佛洛伊德在〈威廉・煙森《格拉底瓦》中的幻覺與夢〉大致延續了他在《夢的解析》所架構的理論基礎，也就是把做夢定調為「願望實現」，而夢境則分成表層的影像（也就是做夢者記得的內容）、（潛層的）夢的思想和無意識的欲望。分析師透過夢的解析得以理解病人遺忘或壓抑的記憶。特別的是，《格拉底瓦》記述的不只是主角的夢境，還有他的「幻覺」，而他的幻覺在相當大的程度上延續了由壓抑的記憶與欲望所組成的「龐貝城之夢」，也可以說是夢境的殘留。佛洛伊德開宗明義把小說主角看成是一個沉溺在一座雕像的「官能症詩人」，因此脫離真實世界，為雕像虛構出一整段歷史，甚至親自到龐貝古城，透過想像（或癡心妄想）讓一切事物（包括格拉底瓦）復活。這樣的幻覺顯示出主角面對內心衝突所做的妥協。然而，在作者威廉．煙森巧妙的技巧之下，讀者從頭到尾都處在不確定的狀態，懸宕在實事求是的科學世界和鬼魅與激情之間，這當然會是閱讀本書的樂趣之所在。格拉底瓦、任何細節和物件（包括諾貝．哈諾撿到的素描本以及跟旅館老闆買的出土的胸針、玫瑰花、任何人事物細節似乎是為了維持主角的幻想世界而存在。但作者「傑出的一手」卻是告訴讀者諾貝．哈諾想像的格拉底瓦其實是住在對街的兒時玩伴柔伊。

對於《格拉底瓦》這樣的故事，佛洛伊德主張應該從主角幻覺的源頭下手。根據他的詮釋，諾貝．哈諾對於格拉底瓦的幻想呼應了童年的記憶，這並非全然是幻覺的產物，而比較像是遺忘的記憶。柔伊也有一位神迷於追求科學知識而忽略她的存在的父親，在象徵的層次上，諾貝．哈諾是這位父親的替代角色（這種詮釋在佛洛伊德個案研究裡其實是很常見的），因為諾貝．哈諾也一樣著迷於考古學研究而遺忘或忽略了活生生的柔伊。佛洛伊德這麼解釋：

如果諾貝·哈諾是個活生生的人，藉由考古學把夢和對童年友誼的記憶從生活中驅除出去，那麼，一件古代的浮雕喚起被遺忘了的對於童年女朋友的記憶，就會是既正當又正確的事。愛上浮雕裡的格拉底瓦會是他應有的命運，而透過一種莫名所以的相似性，活生生卻被視而不見的柔伊，就在這件石雕背後發揮力量了。

佛洛伊德一如他的任何一個夢境的詮釋總是不放過任何一個細節的意義，筆者在此自我克制「劇透」的衝動，點到為止就好。《格拉底瓦》對佛洛伊德而言是一部精神病學的研究。他認為描述人類的心理世界就是作家的特長，而作家一直都是科學和心理學的先驅。我們從《格拉底瓦》裡或一般人的夢境和幻覺都可以看出，正常心理和病態心理之間的界線其實是不斷在變動的，如同佛洛伊德把夢境界定為「短期的精神病」。

小說裡的一句話帶給筆者很強烈的心理衝擊：「美好的真實已經戰勝幻覺……幻覺仍然堅持它的尊嚴」。再沒有比夢境和幻覺更永恆的人類經驗，它們並不會因為文明與科學的發展而消失，但還是沒有人能自大到宣稱完全理解和掌控夢境和幻覺，即便佛洛伊德也沒有。除了跟著佛洛伊德從專業的精神分析詮釋《格拉底瓦》這部作品，身為讀者的我們應該不會忘記想像包括戀物、強迫症、本能衝動等精神病理以外的意義或美感吧？

黃涵榆
國立臺灣師範大學英語學系教授

推薦序二

當小說人物遇上精神分析

許久之前，我接到一個來自某文學雜誌的邀請。在信裡，他們附上了一本台灣作者原創的小說，邀請我在閱讀之後，試著以心理學的角度來剖析小說主角的心理狀態。

這樣的任務在臨床心理學中稱為「個案概念化」（case formulation／conceptualiation），其實是臨床心理師在每次與個案進行諮商晤談的過程，都會不斷進行、調整的。我心想，這應該難不倒我，便接下了任務。

儘管閱讀小說本身是充滿樂趣的，但真要以心理學家的視角來檢視一部小說，並且從劇情發展、文字細節裡頭穿針引線，把一個其實並不存在的小說人物，活生生地用心理學架構刻畫出來，著實比我想的還要困難。所幸，雖然花了比自己預期還久的時間，但仍平安地交出了文稿。

在那次書寫的經驗裡，我意識到這種對故事人物進行分析的歷程，其實與精神分析理論中的一種防衛機轉（defense mechanism）——「投射」（projection）十分相似。

傳統精神分析裡頭是這樣解釋「投射」的：「一個人將自己內心存有的，那不符合道德規範或社會認可的欲念加諸在他人身上，藉以減少自己因擁有此欲念而產生的焦慮。」近代我們在使用投射這個概念時，也廣泛地指稱「一個人以自己的想法，去推測他人或外物」為投射。

分析小說主角的過程，其實就是一種我的投射。我發現自己內心對於人性、人的本質、人類行為背後動力的觀點，透過主角的際遇而被勾了出來。為了說明清楚這個人為什麼會這樣選擇、這樣行動，我對於「人的理論」因而有機會被攤開來被看見與理解。

事後，我拿到該期雜誌，發現原來除了我之外，同一本小說也被交到不同領域的專家手裡，進行同樣歷程的分析。一篇篇以不同專業、不同觀點出發的分析，各異其趣，但也都不失深度，提供了讀者認識同一個（虛擬）人物的各種觀點。

在商周編輯邀我閱讀這本書時，我想起了這一段回憶，並驚訝地發現，原來我們現在在做的實驗，佛洛依德早在一九〇七年就在進行了。熟悉精神分析發展歷史的讀者或許不會意外，其實不只是佛洛依德，許多精神分析師都對「文學作品」有著十足的興趣。到底作者為何寫下這樣的作品，其動機為何？為何作品能讓讀者深受感動？諸如這類提問，其實都能用不同精神分析的概念來加以延伸討論。有興趣的讀者可進一步搜尋如認同作用（identification）、昇華作用（Sublimation）、壓抑（suppression）等相關資料來閱讀。

雖然，精神分析本身並非我的專業工作取向，但在看過小說文本，搭配著佛洛依德對於故事主角的分析後，我也重溫了過往曾學過關於精神分析的種種，關於夢境、壓抑、幻想、精神錯亂、人生而有之性趨力等等。透過佛洛依德對於主角的觀察與分析，我們也得以用另一種方式來更認識精神分析。

目前在華人繁體書籍中，關於佛洛依德的相關書目，幾乎都是以理論闡述或真實案例分析的經典為主。前者如《夢的解析》、《性學三論》、《精神分析引論》、《圖騰與禁忌》等；後者代表則如《小漢斯》、《狼人》、《鼠人》、《朵拉》、《史瑞伯》等。

本書既非純粹的理論闡述，使用的案例也並非來自臨床個案，而是另一個作者筆下的小說人物，這種「精神分析架構」與「文學作品裡頭人物」進行「對談」的結構實屬特別。本書其實也是佛洛依德第一次以這種形式來書寫的代表作。此書籍的引進，亦補足了當代認識佛洛依德、理解精神分析的另外一種取徑。

事實上，回到本書甫出版的一九〇七年，佛洛依德也期待能透過這種形式的論述，讓更多民眾有機會接觸到精神分析。時間來到二十一世紀，相信對精神分析、應用心理分析感興趣的專業讀者、一般大眾，乃至於正在就讀心理、文學相關科系的學生來說，本書也一樣能提供我們各種不同的啟發。

蘇益賢

臨床心理師、「心理師想跟你說」臉書粉專共同創辦人、初色心理治療所副所長

推薦序三

總是回歸到最初所愛

考古學者諾貝．哈諾，沉醉於他從羅馬考察時買回德國的浮雕：「模型掛在原本四面都是書架的工作室裡的牆上好幾年，那個位置得天獨厚，不管是恰如其分的光影投射，或者是短暫的夕陽餘照……描摹一個女子在行走當中被捕捉到的全身姿態……」。是什麼細節讓這位不問世事、沒有社交的考古學者這般迷戀呢？「她的頭微微前傾，左手輕輕提起從頸間到腳踝、輕裾翩翩的長袍，使秀麗的腳踝若隱若現。她的左腳在前，即將跟著往前伸的右腳則只是趾尖輕觸地面，腳底和腳跟幾乎垂直。如此的動作喚起人們既靈巧而又自信沉著的雙重感覺。」這名來自羅馬時代的女子，被年輕的考古學者命名為「格拉底瓦」（Gradiva）。

浮雕中生動的姿影，使得持續端詳這作品的諾貝．哈諾斷定這是真實存在、真實發生過的人物與事件。接著他在生活的城市中仔細端詳許多年輕女子的腳踝與走姿，但都沒有看到格拉底瓦的蹤影。外在的現實中既然找不到倩影，失望之餘，格拉底瓦出現在夢中。夢境顯示她是活在羅馬的古城龐貝、經歷了維蘇威火山噴發災難的女子。因為這夢驚擾了自比是關在籠中金絲雀的諾貝．哈諾，於是在現實生活中啟程到義大利找尋他的迷戀對象（或者應該說他失去的對象？）。這段旅程充滿了半醒半夢、介於現實與幻想之間的狀態。期間他巧遇了名為柔伊的女子（Zoe 代表生命，格拉底瓦的化身？），兩人陷入情網，許多隱喻與象徵出現在這似幻又真的過程：鬼影幢幢的正午時分、在岩石間流竄的蜥蜴、代表冥界的鐘型水仙花，以及干擾他的思緒的新婚夫婦和到處可見的蒼蠅群等等不一而足，這些分散四處的小物件、不知名的人物、深具涵義的場景，在柔伊耐心與溫柔的陪伴下，引領著諾貝．哈諾豁然開朗地得知眼前的妙齡女子柔伊，居然是他的青梅竹馬，只是他終年埋首於知識與學術的追求，對俗物毫不關心，直到面對與探索格拉底瓦對他吸引的緣由，才體會到「我們總是回歸到最初所愛」（佛洛伊德語），並得以痊癒。

誰是這本小說的作者威廉．煙森呢？佛洛伊德全集的編纂者史崔奇，以一種英國紳士平穩、不偏不倚的口氣說：「一位德國北方的劇作家與小說家，備受推崇但不屬於最傑出的作者。」究其實，煙森曾是十九世紀末一位相當暢銷與多產的作家，但在二十一世紀的讀者，乃至當代的德國讀者，對他已經覺得陌生了。反倒是他筆下的人物格拉底瓦的身影令人印象深刻（應該不是由於著名品牌的巧克力Godiva之故）。在這本小書問世之前，佛洛伊德已經看過這浮雕（寫給他妻子的信中提到），並且懸掛在診間的等候室。另一位被這女子雕像吸引的名人，則是超現實主義藝術家安德烈・布列東（André Breton），他開設於一九三七年位於賽納街的藝廊，就稱之為格拉底瓦畫廊，目前真跡可以在梵蒂岡博物館（Chiaramonti）得見。

為何精神分析的創立者佛洛伊德會為這本小書寫下專文，並且多次在維也納家中的聚會及私人信件中討論煙森的作品呢？有兩個原因可以解釋佛洛伊德的興奮與熱切。其一，是他個人對考古學長久以來的興趣，其二是藉由文學作品讓正在萌芽的精神分析理論廣為人知。佛洛伊德年輕時盛行達爾文的學說，商博良（Jean-François Champollion）解開了埃及象形文字的意義，考古學界也由史里曼（Heinrich Schliemann）等人挖掘出特洛伊、麥席尼等古文明遺物，他因此也將精神分析的工作與考古學類比：內心深處層層堆疊的亂倫、殺戮、罪惡與羞愧等等，要克服堅硬的阻抗才能將過去重新浮現，而這些歷史與過去是不會消逝的，緊密隱匿於現在的過去，是一種龐貝古城與心靈考古學當中會說話的石頭（Saxa Loquuntur）。至於文學作品對精神分析的推波助瀾，佛洛伊德則是非常驚訝作家與藝術家似乎比精神分析師更加敏銳與嫻熟於人類內心細微的起伏跌宕，為此，他寫信給煙森問他是否年幼時有非常親密、早夭的妹妹，並且她的腳有缺陷，煙森則以很客氣與冷淡的口吻回答「不，我沒有妹妹」，隨後又承認自己小時候曾愛上一位朋友的妹妹，很不幸的是，她未及成年就離開了人世。

佛洛伊德的晚年，在自傳（一九二五）與討論杜思妥也夫斯基與弒父（一九二七）的行文中，呈現出另一種冷淡的態度，他說煙森的小說有趣但不太重要，而精神分析師在作家與藝術家面前，只能雙手一攤，能夠被討論與詮釋的並不多。

如何解釋佛洛伊德這種轉變？因為精神分析要遭遇的不只是愛，還有仇恨、死亡與漠然嗎？還是煙森不算是個順從的病人呢？向來分析別人的佛洛伊德，我們是否也可以分析他對格拉底瓦的迷戀呢？在他十歲以前，眾多的弟妹相繼出生，母親大多時候是懷孕的，拉丁文中的懷孕的女人（gravida），與 Gradiva 非常相近；小孩出生到這世界，第一眼能見的是母親的臉龐，還是她的腳踝？總是回歸／無法回歸到最初所愛，兩者之間是無法平息的擺盪。

楊明敏
國際精神分析學會督導分析師

目錄 CONTENTS

第一部

威廉·煙森《格拉底瓦》裡的幻覺與夢

佛洛伊德

一

有些人認為，夢的基本謎團已經理所當然地被我解決了[1]。某一天，他們心中對某些夢產生了好奇心，也就是那些未曾有的夢，也就是作家們在作品裡描述的虛構角色的夢。如果提議去探究這種夢，也許是很無聊又奇怪的事。但是就某個觀點而言，也可以算是正當的。是的，一般人絕不會認為這些做夢的人都是在做有意義的夢。一旦有人要科學家和大部分知識分子解夢，他們都會一笑置之。只有堅持迷信、相信古人想法的人才會去解夢，而身為《夢的解析》的作者，我卻大膽地不顧正統科學的抗議而選擇和古人以及迷信的人站在一邊。當然，我並不認為夢是未來事物的預兆，雖然自古以來人們就努力要解開這個謎卻不得其門而入。無論如何，我無法完全排斥夢和未來之間的關聯。我在辛苦完成了某種分析之後，認為夢代表著**做夢者一個願望的實現**（ein erfüllt dargestellter Wunsch des Träumers）；有誰能夠反駁願望和未來有非常重大的關聯呢？

1　見 Freud, Die Traumdeutung, 1900。

我剛才說，夢是實現了的願望。只要不害怕鑽研難懂的書，只要不要求作者以不真誠的方式把問題化繁為簡，讓他不花腦筋就可以閱讀，那麼，他就可以在拙著《夢的解析》裡找到許多和這句話相關的證明，並且可能不再反對「夢是願望之實現」的說法，除非有反證存在。

無論如何，我們已有了預期心理。現在的問題在於確定夢的意義是都要被解析為願望的實現，或者有時候還是要解析為一種焦慮的期待（ängstliche Erwartung）、一種意圖（Vorsatz）或深思熟慮（Überlegung）等等呢？第一個問題毋寧是：夢是否有任何意義？我們是否應該認為夢具有心理事件的價值。科學家的回答會是**否定的**。科學家說，夢是單純的生理事件，我們不必探尋其背後的意指、意涵或意圖。生理的刺激會在人睡眠時挑動心理的機轉，讓某些不具心理關聯性的意念闖入意識。夢只能比擬為驚厥（Zuckung），不能比擬為心理世界的表現行為。

在關於夢的評估的論辯裡，許多作家們似乎是支持古人、迷信者以及《夢的解析》的作者。當作家們描寫由想像力創造出來的人物的夢境時，他們根據的是一般的經驗，也就是認為日有所思夜有所夢，人的思想和感情會在睡眠裡延續。

他們只是試圖經由主角的夢來描述主角的心理狀態。說故事的人是很重要的盟友，他們的證詞我們要加以看重，因為他們通常會知道許多介於天堂和人間的事情，是我們學術圈做夢也不會想到的。在心理學方面，他們確實遠超過我們平常人，因為他們汲取的資源是我們在科學上難望其項背的。但願文學工作者可以更明確地堅持夢的合理性質！敏銳的批評者可能會反駁說，作家們既不贊成也不反對單一的夢的心理意義；他們只是想要指出，睡眠裡的心理狀態會在活躍的刺激力量下擾動，就像清醒著的生命的一條支脈。

無論如何，即使明白了真相，但是我們對於說故事者使用夢的方式仍然興趣不減。縱使在探討之後我們並沒有了解到夢的性質，但是我們或許可以從這個角度一窺文學作品的性質。真正的夢被認為是狂放不羈而且沒有規則的形象，是這些夢境的自由摹本！但在心理世界裡，自由和恣意的成分遠比我們所認為的還要少，或許是完全沒有。我們俗人所謂的「偶然」，會在某個公認的程度上自成規律。還有，在心理世界裡，我們所謂的「恣意」，其實是取決於現在我們所隱約猜測到的那些規律。我們就來看看吧！

我們有兩種可能的方法來探究。一種是著眼於個案，探討作家在作品裡如何創造一個夢境。另一種方法則是蒐羅和比較不同的說故事者在作品裡對於夢的使用。第二種方法似乎更加切中要旨，也許是唯一正確的方法，因為如果使用這種方法，我們就不會認為「作家」是個藝術的統一性概念。由於我們研究形形色色的作家，這個統一體就會分裂，我們會在不同的作家裡著重個體，視之為心理世界最有深度的鑑賞者。然而，在這本書裡會看到許多第一類方法的研究。在開始有這個想法的一群人之中，湊巧有個人想起，在最近喜歡讀的一部小說裡，有幾個夢境讓他印象深刻，所以就試著應用「夢的解析」的方法。他承認，這個匠心獨運的故事的素材和背景，是讓他驚豔的部分原因，因為這篇故事是在龐貝城展開的，談到一個年輕的考古學家。他息交絕游，而對於對古代廢墟情有獨鍾，並以一種峰迴路轉但是皆大歡喜的迂迴途徑重返生命的懷抱。這個讀者細讀了這個詩情畫意的情節時，生起種種心有戚戚焉的熟悉感覺。這則故事就是威廉・煙森（Wilhelm Jensen）的《格拉底瓦》，作者並把這部情思細膩的羅曼史定位為「龐貝城的幻想曲」。

為了更加熟悉該情節，我現在必須要讀者放下我的書，讀一讀一九〇三年出版的《格拉底瓦》。讀過《格拉底瓦》的人，我則會寫一下故事概要，喚起他們對於故事內容的回憶，希望他們想起故事裡被忽略的所有魅力。

有個叫諾貝·哈諾的年輕考古學家，在羅馬的古董店裡發現了一件浮雕，他對於那件浮雕相當神往。他後來在無意間看到一件上等的石膏模，於是把它掛在他在德國大學城的書房裡，每天痴痴地端詳著它。浮雕描繪一個正在走路的妙齡女子。她在走路時會輕輕提起厚重的衣服，露出穿著涼鞋的雙腳。其中一隻腳完全踏在地上，另一隻腳則抬起來要跟上去，但只用趾尖碰到地上，腳底和腳跟幾乎垂直。作品表現出的這種不尋常而且特別迷人的走路姿態，也許當初引起藝術家的注意，而經過許多世紀之後，則吸引了我們這位考古學家的眼光。

男主角對於浮雕內容的著迷，就是整個故事的基本心理事實，這種著迷並不是三言兩語就可以說明的。「諾貝·哈諾博士是位考古學講解員，就他的科學而言，他其實沒有在浮雕裡發現什麼值得研究的東西。」（頁121）「他說不上來是什麼特性讓他的目光流連。他只知道他被吸引了，而那個第一印象從此就沒有改變過。」但是他的想像力一直專注在這件浮雕上。他在其中發現一種「現代感」，好像雕塑它的藝術家把情景錨定在「現實生活」的街道。他把這個浮雕描繪走路姿態的女孩取名為「格拉底瓦」，「步態曼妙的女孩」，由此衍生出一個故事，他認為她是某個貴族家庭的女兒，「她可能是來自統治階層的市政官家庭，負責女穀神刻瑞斯的祭祀」，並且說她正要到女神的神殿辦事。然後，他很不願意把她放置在群眾的位階中；他寧願說服自己：她其實是住在龐貝城，在那裡某個出土的遺址的特殊墊腳石上徙倚徬徨。這些墊腳石讓人在下雨的日子穿越街道，而不會弄濕腳部，同時也是戰車行駛的衢道。他覺得她的五官輪廓像希臘人，她的祖先無疑是希臘人。他對古物的所有知識，逐漸用來為這種幻想或者和浮雕相關的其他幻想加溫。

然而，有個所謂科學問題闖入他的內心而需要加以解決。這個問題就是：他要以審慎的方式判斷「這位藝術家是否重現了格拉底瓦在實際生活中的走路模樣」。他不可能自己憑空揑造。為了要證明這種步態的「實際存在」，他下了一個結論：「要實際去觀察生活，問題才能湛然分明。」（頁125）。是的，他被迫採取一種自己完全陌生的行為模式。「以前，女人只是由大理石或黃銅構成的一種概念，他不曾正眼瞧過身邊的任何女人。」他一直認為社交生活是不可避免的折磨。在這種情況下，他雖然會遇到年輕的女人，卻看不到也聽不到她們說話，以致下次再遇到時，他也會不打招呼就擦身而過。這樣當然使他處於不利的情況。然而，此時他強迫自己去做的那種科學工作，卻逼使他在不下雨時，尤其在下雨時，認真觀察街上女人和女孩的腳，而這種行為引來了觀察對象的不悅或鼓勵的眼光。「然而這兩種情況都無助於他的研究」（頁126）。經過仔細的研究，他發現格拉底瓦的步態不可能實際存在，而這個事實讓他感到悵然若失。

不久之後，他做了個可怕的夢。他在夢中置身於維蘇威火山爆發那天的古老龐貝城，目睹這個城市的毀滅。「他站在朱庇特神殿的廣場外圍，倏地看到了格拉底瓦，就在前面不遠的地方。以前，他根本不會想到她可能會在那裡出現，但是現在他卻想當然爾地認為她就是龐貝城的女孩，那是她出生的城市，**他卻沒有想到她居然和他身處同一個時代。**」（頁127）他唯恐不幸的命運降臨到她身上，於是大喊警告她。這個神情自若的女人轉向他，沒受到他的影響，繼續走到神殿門廊，在台階上坐下來，慢慢把頭靠在階梯上，臉孔越來越蒼白，好像要變成白色大理石。他趕忙去追她，終於趕上了她，看到她臉色安詳，在寬闊的階梯上舒展四肢，好像要睡著似的，不久，灰燼如大雨一般埋葬了她的身體。

他從睡夢中醒過來時，覺得那些尋找安全地方的龐貝人的混亂叫聲、洶湧的海浪沉悶的轟鳴，兀自在耳際徘徊。但是，就算他恢復意識，明白了那些噪音其實是嘈雜的大都會生命甦醒的跡象，卻一度相信夢境是真實的。他好不容易才拋開這種想法，不再認為自己在兩千年前置身於龐貝城被毀滅的現場，卻還是堅信格拉底瓦以前住在龐貝城，於西元七十九年被埋葬在該處。這個夢境的副作用使得他對於格拉底瓦的幻想縈迴不去，因而為她的死感到哀傷。

他倚著窗口，沉迷於這些想法，對面房子敞開的窗子有一只籠子，裡面一隻金絲雀在鳴囀，吸引了他的注意。忽然，一種觸電一般的悸動掠過這個沒有完全從夢中醒來的人的心頭。他覺得在街上看見一個人神似格拉底瓦，甚至認出她特有的走路步態。他不假思索地匆匆趕到街上，想要追上她。街上行人看到他衣衫不整，因而笑聲和揶揄不絕，他只好很快被迫回家。他在房間中再度沉迷於籠中鳴囀的金絲雀，把牠和自己做比較。他發覺自己也是身在籠中，只是他比較容易離開自己的鳥籠。情況好像是，那場夢在他身上產生一種副作用，再加上春天溫暖空氣的影響，於是他決定到義大利春遊。他不久就為這次旅遊找到一個科學的動機，雖然「旅行的衝動只是一時興起」（頁134）。

談到這趟動機不明的旅行，我們先停下來，開始仔細探討我們這位主角的個性以及活動。我們仍然認為他很莫名其妙，很愚蠢。我們不知道，他的愚蠢和人性有什麼關係，使我們不由得產生共鳴。《格拉底瓦》的作者有特權把我們丟在這種不確定性裡。作者使用華麗的詞藻，自出機杼的靈感，使我們對他深信不疑，並且對主角心生他不配得到的同情。關於後者，我們知道，主角因家庭傳統之故，注定要成為一位考古學家，後來更遺世獨立地沉迷在自己的學問裡，捨棄了社交生活及其快樂。他覺得大理石和黃銅是真正有生命的，並且表達人類生活目的和價值。然而，大自然也許基於善意，在他的血液中注入了完全不科學的修正劑，也就是生動的幻想，不僅在他的夢裡，更在清醒著支配著他。幻象和理智分道揚鑣之後，他就注定要成為一名詩人，或是一個精神官能症患者。他這種人的生活領域不在這個世界，所以情況演變成：他沉迷於一件描述步態不尋常的女孩的浮雕，為它織了一張幻想的網，為它揑造一個名字和祖先，把自己創造的人轉移到一千八百多年前被埋沒的龐貝城。最後，在做了一個不尋常的噩夢之後，他更加堅信這個名為格拉底瓦的女孩的存在以及罹難的幻想，轉而影響到他的行為。如果我們在現實生活裡看到一個人的想像力這麼天馬行空，一定會覺得既荒唐又不可思議。由於我們的主角諾貝．哈諾是作家創造出來的人物，我們反倒會怯生生問這位作家：他的幻想是不是由在他自己的意志之外的其他力量決定的。

我們談到了這個主角明顯為一隻金絲雀的歌聲所動，因而突發奇想要到義大利，而他顯然不清楚這次旅行的動機。我們更了解到，他心中並沒有明確的目的地和目的，內心的一種不安和不滿足，驅使他從羅馬到那不勒斯，又從那不勒斯到了更遠的地方。他遇到成群度蜜月的旅客，被迫去注意溫柔體貼的「奧古斯都們」和「格萊特們」，他完全無法了解成雙成對的男女的行為和欲望。他做了一個結論：在人類所有的愚蠢當中，「婚姻無論如何都居於首位，那是無以復加而令人不解的愚蠢；而且，跑到義大利蜜月旅行的這種蠢事，則是所有愚行之最。」（頁136）。在羅馬時，他的臥室毗鄰一對兩情繾綣的男女，他的睡眠受到干擾，於是立刻遠走到那不勒斯，但還是在那裡發現另一對「奧古斯都」和「格萊特」。他自認從他們的談話中了解到大部分情侶並不想在龐貝城的廢墟中築巢，而是跑到卡布里島。他就決定去做他們不做的事，在旅途開始的幾天後到了龐貝城，「沒有任何期待或意圖」，然而並沒有在那裡找到他尋求的寧靜。

本來，到那時為止，書中的主角是那些煩擾他的思考、有如候鳥一般的新婚夫婦，但是此時卻換成家蠅。他認為家蠅是「根本惡」和「沒有價值」的化身。這兩種折磨他的對象合而為一。成雙成對的蒼蠅讓他想起度蜜月的旅客；這些蒼蠅也許也以牠們自身的語言彼此稱呼對方為「我的唯一的奧古斯都」和「我的甜蜜的格萊特」。

最後，他禁不住要承認「他也隱約覺得他的不滿不只是因為四周的環境，而是他自己的問題。」（頁147）他感覺到自己很不對勁，因為他缺少了什麼，又說不上來是什麼。

第二天早晨，他穿過龐貝的「城門口」，離開導遊，茫無目的地穿過城市，但是他顯然並不記得自己以前在夢中曾經來到龐貝城的廢墟。在古人認為是幽靈時刻的「炎熱」、「神聖」中午時分，當其他訪客都不見蹤跡，當浸淫在陽光中的成堆廢墟出現在他面前時，他就回到被埋葬的人們的生命裡，卻不是藉助於科學。「它（科學）所傳授的是沒有生命的考古學觀點，嘴裡所說的都是語言學裡那種死去的語言。無助於人們以心靈、理智和感情去理解萬事萬物；正如格言所說的。但是有這種志向的人卻必須遺世獨立地站在這裡。他是古代廢墟的炎熱正午沉寂氣息中唯一有生命的人。他站在這裡，是為了不以身體的眼睛去看，也不以身體的耳朵去聽。然後，有一種東西從四面八方悄悄出現，開始無聲地交談。然後，陽光使古老的石頭不再如墳墓一般死寂，一種熾熱的激情掠過這些古老的石頭，死者醒過來，龐貝城又活了起來。」（頁155）他就這樣藉由想像力把生命賦予過去的時光，忽然確實看到浮雕裡的格拉底瓦從一間房子走出來，愉快地越過熔岩墊腳石，就像那夜在夢裡看到的她：在阿波羅神殿的階梯上躺下來睡覺。「想起這件事之後，他第一次意識到另一件事。他在動機不明的情況下，為了那件事來到義大利，馬不停蹄地從羅馬和那不勒斯來到龐貝城，要看看是否可以在這裡找到她的蹤跡——不折不扣是這個意思——因為她的步態很不尋常，想必在灰燼中留下不同於所有其他人的腳印。」（頁156）

《格拉底瓦》的作者把我們推進了疑陣裡，在這裡，這種懸疑時或使我們感到困惑而難耐。不僅因為主角心情的忐忑不安，我們自己也為了這個原本是石膏模型裡的人物、現在卻成了想像產物的格拉底瓦而神魂顛倒。它是我們這位被誤導的主角的幻覺、一種「真正」的鬼魂？或者是有血有肉的人？並不是說我們一定要相信有鬼才會這麼說。作者煙森把他的故事命名為「幻想曲」，當然不必對我們說明他的意圖：他是要讓我們留在這個被貶為「枯燥」並且由科學法則支配的世界？或者是要引導我們進入另一個具有「真實性」的鬼魂和幽靈的奇幻世界？就像《哈姆雷特》和《馬克白》，我們也毫不遲疑地跟隨作者進入這麼一個地方。就這個情況而言，這位想像力豐富的考古學家的幻覺必須以另一個標準來衡量。是的，當我們考慮到，一個女人的外表忠實地複製了那件古代浮雕，其實她不可能真正存在，我們就只剩下二選一：「幻覺」或「正午時刻出現的鬼魂」。一個輕描淡寫的插曲排除了前者的可能性。有一隻大蜥蜴在陽光中伸展身體，一動也不動，但是在格拉底瓦的腳還沒走近時，牠就跳開了，在熔岩鋪石街道上扭動著身體離開。所以，那並不是幻覺，是我們這個做夢的人心外的什麼東西。但是，真實復活的人會驚動一隻蜥蜴嗎？

格拉底瓦在梅勒阿格羅之家前不見蹤影了。難怪諾貝．哈諾堅持相信他的幻象，認為龐貝城於中午的幽靈時刻在他四周復活了，格拉底瓦也復活了，走進她在西元七十九年那個致命的八月日子以前所住的房子。諾貝馬上就猜想到那個可能以主人命名的房子裡的主人個性，也猜測格拉底瓦和屋主的關係。這一切顯示出，他的科學知識這時候完全用來服侍他的想像力。進入這間房子以後，他又看到那個鬼魂坐在兩根白色廊柱之間的低矮階梯上。「上面有白色的東西閃爍著，似乎是格拉底瓦昨天壓在膝蓋上而今天忘記帶走的紙莎草葉子。」（頁178）他把自己對於她的祖先的推測視為理所當然，用希臘語和她攀談，怯生生地等著要證明這個幽靈是否有講話能力。她並沒有回答，他改用拉丁語問候，對方卻微笑說：「如果你希望和我說話，那麼就必須用德語。」

我們的讀者應該會覺得真是尷尬啊！就這樣，《格拉底瓦》的作者捉弄了我們，誘惑了我們，彷彿藉由龐貝城陽光的光輝，把我們引誘到一個微不足道的幻覺之中，讓我們對這位被中午烈陽曬昏頭的可憐人不再那麼苛刻。但是經過短暫的混亂後，我們知道格拉底瓦是活生生的德國女孩，而這是我們都嗤之以鼻的事實。這時候我們鎮定地沉思著，等著去發現這個女孩和石雕上的人物有什麼關係，以及我們這位年輕的考古學家如何幻想她是真正的人。

我們這位主角並不像我們那樣很快就擺脫了幻覺，因為「就算這個想法會讓他歡喜雀躍，卻仍然是難以理解的。」作者說（頁206）。何況，這種幻覺也許具有我們一無所知、對我們而言不存在的主觀源頭。他無疑需要接受侵入性治療才能回到現實。就目前而言，他只能讓自己的幻覺適應自己剛才發現的美妙情況。在龐貝城被毀時死亡的格拉底瓦，一定是正午時刻出現的鬼魂，在幽靈的正午時刻復活。但是，在格拉底瓦以德語回答後，為什麼諾貝禁不住叫道「我知道這就是妳的聲音」？不僅我們，就連這個女孩都忍不住要問為什麼。諾貝必須承認，他以前不曾聽過她的聲音，但是期望在夢裡聽到，也就是夢裡她躺在神殿階梯上睡覺，而他叫喚她的時候，他請她重複那個動作，她卻站起來，投給他奇異的眼光，走了幾步之後就消失在庭院的廊柱之間。這之前不久，一隻美麗的蝴蝶在她身邊盤旋了幾次。根據他的解析，蝴蝶是冥界的使者，要通知死去的人回來，因為中午時分已過。諾貝在女孩消失後叫道：「妳明天會在正午時分再來這裡嗎？」然而我們大膽提出比較冷靜的解析，認為這個年輕女子發現諾貝對她的請求很不得體而感到受辱，於是忿忿離開了他，因為她還不明白他的夢。她的心思很細膩，難道不知道他的要求透露了情色的本質嗎？然而諾貝只是因為有了這個夢才提出這個請求的。

在格拉底瓦消失蹤跡之後，我們這個主角檢視坐在狄歐梅旅館餐桌上的所有客人，不久也檢視瑞士旅館餐桌上的客人，他很確定，在他所知道的龐貝城兩家旅館當中，沒有任何人和格拉底瓦有一點點相像之處。當然，他也排斥那種不合理的假設；他不可能在兩間旅館中見過格拉底瓦。然後，那種在維蘇威土壤上釀造的酒，讓人在白天更加醉醺醺的。

第二天唯一確定的事是，諾貝必須在中午回到梅勒阿格羅之家。在等著中午來臨時，他走在古老的城牆上，進入龐貝城，這是違反規定的。一叢白色的鐘形水仙花，也就是冥界之花，對他而言似乎意味深長，所以他採下了它。他在等待時，所有有關古物的知識，對他而言是世界上最沒有意義和無關緊要的事情，因為另一件事支配著他的興趣，那就是以下的問題：「那個生命的身體性質，那個生命既是死的也是活的，儘管只在正午的幽靈時分或者在昨天」（頁171）他也擔心今天也許見不到他尋尋覓覓的女子，因為也許她獲准回來的時間不是很久。當他又在廊柱之間看到她時，就認為她的出現是個幻象，於是哀嘆說：「哦，妳還活著！」然而，這一次他顯然太謹慎了。這幽靈其實會說話，問他手裡的白花是不是要給她的，而且還跟這個悵然若失的人聊了很久。我們這位作者告訴對於有生命的格拉底瓦感到興趣的讀者說，她前天的慍怒和厭惡眼光已經被銳利的探尋或好奇神情取代。她問他前天為什麼要說那些話，問他是什麼時候站在她身邊的。如此，她知道他做了有關她和她的故鄉一起被毀滅的夢，也知道了浮雕的事，以及吸引這位年輕考古學家的步態。此時，她表示願意走路給他看。輕便、淡色、雅致的皮鞋取代了涼鞋，她說明是為了適應現在的情況，而這是唯一和原本的格拉底瓦浮雕不同的地方。顯然，她正在迎合他的幻覺，探問他的整個幻覺內容，不曾有一次牴觸他。只有一次，她似乎被迫脫離自己的角色。他在心思集中於浮離的情況下宣稱，他第一眼就認出她，她聽了後有個特殊的感覺。在這個談話階段中，她還不知道浮離的事，想必會誤解諾貝的話，但是她立刻又回神，只有身為讀者的我們會覺得，她的話語除了和幻覺有關以外，也有雙重意義，是一種真實的、當下的意義，例如，她很遺憾他沒有在街上找到類似格拉底瓦的步態。「如果你做到了，也許你就不必大老遠跑到這裡了。」（頁176）她也知道他把浮離命名為「格拉底瓦」；她告訴他說，她真正的名字是「柔伊」！

「這個名字非常適合妳，但在我聽來卻像尖酸刻薄的嘲諷，因為『柔伊』的意思是『生命』。」

「人必須適應不可避免的情況，」她回答說：「我早就習慣於死亡。」她答應明天會回到同樣的地方，然後就拿著那束水仙花離開他。「人們會在春天時贈送玫瑰給幸福的人們，但是對我而言，你送我的遺忘之花才是對的。」（頁177）對一個死了這麼久、如今短暫恢復生命的人而言，「憂鬱」是很適當的。

此時我們開始了解並且心存希望。如果說復活了的格拉底瓦完全接受諾貝的幻覺，那麼，她這樣做也許是為了讓他擺脫幻覺。沒有其他途徑了；如果戳破他的話，就會毀掉了這種可能性。就算以嚴肅的態度處理這種真實情況，也還是必奠基於幻覺結構，然後盡可能追根究柢。如果柔伊是正確的人選，我們不久就會了解到，人們是如何破除像我們這位主角的那種幻覺。我們也會想知道這種幻覺的源頭是什麼。如果幻覺的治療和探究無異於對於幻覺源頭的解決，在進行分析時也要說明幻覺的源頭，那麼會是很引人注目的，然而也是有例子和相似情況可尋的。我們當然隱約意識到，這個個案可能成為一個「庸俗」的愛情故事，但是我們並不會輕視愛情作為治療幻覺的力量。並且，我們這位主角被格拉底瓦浮雕所吸引，難道不也是著迷於過去的、沒有生命的人嗎？

在格拉底瓦消失後，遠處再度傳來一種聲音，像是一隻鳥飛過廢墟城市上方時的愉悅叫聲。這個落單的男子撿起一件白色的東西，那是格拉底瓦遺留下來的，不是紙莎草葉，而是一本素描簿，裡面有龐貝城的鉛筆畫。我們會說，她把這本小簿子忘在這個地方，證明她會回來。我們會認為，一個人遺忘東西都會有個祕密的理由或隱藏的動機。

我們這位主角在那天剩下的時間裡有了各種不尋常的發現，也知道了各種不尋常的事實，但是他沒有把它們拼成完整的圖像。他這一天在格拉底瓦消失的門廊牆上注意到牆上有一道裂縫，足以讓纖瘦的人鑽到隔壁。他體認到一個事實：柔伊（格拉底瓦）並不是從這裡遁入地下的。遁入地下的想法相當無稽，他對於自己的這個想法感到很羞愧。他體認到，她是取徑於這條通道回到墳墓。他似乎覺得有一道淺淺的陰影消失在所謂的狄歐梅別墅前面的墳墓街盡頭。他跟前一天一樣感到頭暈目眩，沉迷於同樣的問題，於是他就在龐貝城附近閒逛著，很想知道柔伊（格拉底瓦）可能有什麼身體特徵，如果觸碰她的手，是否會有任何感覺。一種特殊的衝動催促他去進行這種實驗，但是同樣強烈的膽怯心理卻讓他卻步。在一處陽光炎熱的斜坡上，他見到一個年紀比較大的人，從裝備看來，想必是個動物學家或植物學家，似乎在忙著抓什麼東西。這個人轉向他說：「你對法拉格利歐尼蜥蜴（lacerta faraglionensis）感興趣嗎？這種蜥蜴有可能不僅見於卡布里奇岩，也棲息在大陸上。我的同事艾墨建議的方法確實很好；我屢試不爽。請你不要動……」（頁180）講話的人停下來，對準一個狹窄縫隙伸出一個草葉做的誘餌，有一隻蜥蜴的發亮藍色小頭在縫隙中窺視著。諾貝離開這個抓蜥蜴的人時，很不屑地心想：我無法相信會有什麼愚蠢的目的讓人們長途跋涉到龐貝城來。他當然不會批判自己，也不覺得跑到龐貝的灰燼裡尋覓格拉底瓦的腳印有什麼不對。再者，他覺得這個男人很面熟，彷彿在哪一間旅館不經意地看過他。這個男人跟他說話的神情好像認識的人。他繼續漫步，走到一條偏僻的街道，來到一棟以前從未發現的房子，原來是太陽旅館。旅館的老闆並不很忙，他利用機會強力推薦自己的房子以及出土的寶物。他告訴諾貝說，人們在廣場附近發現那對知道自己必死無疑、互相緊抱而遇難的年輕情人；他當時也在場。諾貝聽說過此事，以前他只是聳聳肩，認為是某個異想天開的人捏造的。但是此時，旅館老闆的話卻突然讓他更加相信了。原來老闆拿出一枚生了銅鏽的金屬別針，是別人和女孩的其他遺物一起從灰燼中挖出來的。諾貝不假思索地買下這枚別針。離開旅館時，他看到窗外一束白色水仙花對他點頭。看到這種墳墓之花後，他很興奮，證明他購得的東西是真實的。

然而，有了這枚別針，他又生起一種新的幻覺，或者是原本的幻覺，這對於治療工作顯然不是個好的現象。在距離廣場不遠的地方，有一對擁抱著的年輕情人被挖掘出來，而他在夢中則看到格拉底瓦在那裡的阿波羅神殿躺下來睡覺。事實上，格拉底瓦是要到距離廣場更遠的地方見一個人，和他一起共赴黃泉，這難道不可能嗎？

從這種假設中，他感覺到妒嫉在噬囓他的心。他想要安撫這種感覺，認為這種假說並不確定。於是他恢復理智，在狄歐梅旅館吃晚餐。兩個剛入住的客人吸引了他的注意力。那是一對男女，由於外貌有點相似，他原本以為是兄妹，雖然髮色不同。他們是他這次旅程中唯一覺得投緣的人。年輕女孩戴著一朵蘇連多紅玫瑰，喚醒他的記憶，卻記不起來是什麼。他上床睡覺做了夢，夢境非常無稽，但是顯然是白天的經驗造成的。「格拉底瓦坐在陽光下的什麼地方，用葉片做個誘餌要捕捉蜥蜴，說道：『你不要動，我的同事說得對，這種方法真的很好，她每次都奏效。』」他覺得這個夢太荒唐了，就連在睡眠中也這麼想。他批評說，這當然是非常瘋狂的事。他又夢見一隻隱形的鳥，因而擺脫了這個夢境。這隻鳥短促而愉快的鳴囀，用鳥嘴把蜥蜴銜走。

儘管心中有這種幽靈般的幻覺，但是醒來時心智卻很清澈而平靜。窗外一叢玫瑰花，正是他昨天在那個年輕女子身上看到的花，讓他想起夜裡有人說，春天時人們送玫瑰花。他不自覺地採了一些。這其間想必有種關聯，具有解放他的心智的效果。他不再厭惡人類，於是走上前往龐貝城的平常路徑，手裡拿著玫瑰、別針以及素描簿，沉思著各種關於格拉底瓦的不同問題。原來的舊幻覺充滿破綻；他開始懷疑她是否只在中午時分才獲准在龐貝現身，其他時間則不行。基於這個原因，焦點就轉移到最近取得的那枚別針上；這個物品使他心生嫉妒，以各種徵象折磨他。他也許希望只有他才看得到這個幽靈，其他人則看不到。如此他就可以認為她是他獨有的。他到處漫步，等待中午時刻到來，結果經歷了一次驚人的巧遇。在法諾之家，他湊巧遇到兩個人。他們待在一個角落，自以為不會被發現。他們彼此擁抱，四唇相接。他感到驚訝不已，因為他認出他們就是昨天晚上那對很投緣的男女。但是就兄妹而言，他們此時的擁抱和接吻未免太久了吧。他們應該是一對情人才對，也許是新婚夫婦，另一對奧古斯都和格莱特。說也奇怪，這種情景在此時此刻讓他感到甜美，卻也擔心打擾了別人的燕暱之私。所以，他就趁著對方沒有注意到他悄悄退出去。他心裡重新燃起對於他人的尊重。

他到達梅勒阿格羅之家，唯恐發現格拉底瓦陪伴著另一個男人。結果他很興奮，只用一個問題向她打招呼：「妳自己一個人嗎？」她很費勁地提醒他是不是為她採了玫瑰要送她。他向她傾訴最近出現的幻覺：她就是火山爆發時人們在廣場中發現和情人相擁而亡的那個女孩，那枚銅綠別針就是她的。她以嘲諷的口氣問他是不是在陽光中發現的。陽光——義大利文所謂的「Sole」——會化育萬物。為了治療他承認的頭暈，她建議和她共吃午餐，並給了他半片裹在紙巾裡的白麵包，自己津津有味地吃了另一半。此時，她那潔白無瑕的牙齒在嘴唇間閃閃發亮，咬麵包皮時發出輕微的嘎吱聲。她說：「我覺得好像我們在兩千年前就曾經一起吃麵包。你不記得嗎？」（頁193）他答不上來，但食物的滋養強化了理智，加上所有情況都證明她活生生的就在眼前，因而在他身上起了作用。理性出現了，讓他對於整個幻覺起疑了，也就是「格拉底瓦是中午出現的鬼魂」。但另外有一點讓他不能釋疑：她自己剛說，她在兩千年前曾經跟他分享食物。為了解決這種衝突，他想要做一個實驗，還鬼鬼祟祟地做了，但是也因此恢復了勇氣。她那隻手指纖細的左手放在膝蓋上。他以前認為家蠅是厚顏而無用的生物而惡絕痛深，而此時就有一隻家蠅停在她的手上。諾貝突然舉起手，用力拍打那隻蒼蠅以及格拉底瓦的手。這個大膽的實驗讓他獲得了雙重的成功：首先是很高興相信自己確實觸碰到一隻真正有生命而溫暖的手，接著則是對方出言責怪，他聽到後慌慌張張地從台階上跳了起來。原來格拉底瓦吃了一驚之後回神說了一句話，「諾貝．哈諾，你真是瘋了。」

叫出人們的名字，一直被認為是驚醒睡覺的人或驚醒夢遊症者最好的方法。可惜我們無從觀察到，格拉底瓦叫出諾貝．哈諾不曾告訴龐貝城任何人的這個名字，對他產生什麼影響。就在這個關鍵時刻，那對很投緣的情人從法諾之家出現了，而其中的年輕女子驚喜地叫道：「柔伊，妳也在這裡？也是來度蜜月嗎？妳都沒有寫信跟我說。」然而諾貝在面對「格拉底瓦是活生生的人」的這個新證據時卻倉皇逃走了。

柔伊（格拉底瓦）面對這個不期而遇的朋友，一點都沒有驚喜的表情，因為這次偶遇打亂了她的工作。她沒多久就恢復平靜，以流利的言詞回應對方的問題，把當下的情況告訴她的朋友，尤其是告訴我們讀者。如此，她知道如何打發這對年輕男女。她一方面祝福他們，卻又說她不是在享受蜜月旅行。「那個剛走出去的年輕人，也為強烈的妄想所困。他相信有一隻蒼蠅在他腦袋裡嗡嗡叫。嗯，當然，每個人的帽子裡都會有蜜蜂在嗡嗡叫[2]。我有責任，我有昆蟲學方面的知識，所以還可以幫上一點忙。我父親和我住在太陽旅館，他也是突發奇想：

2　譯註：指「有固執的想法」。

只要我負責自己去找樂子，不要煩他，他就答應帶我來這裡。我對自己說，我自己一個人在這裡一定會挖掘出什麼有趣的東西。當然，我完全沒有想到會幸運遇見妳，吉莎。」（頁197）這時候柔伊必須立刻回去陪伴太陽旅館裡的父親。所以她向我們讀者介紹說，她是那位動物學家以及蜥蜴捕捉者的女兒，然後就起身離開，並且以曖昧的語言承認，她心中有治療方面的意圖以及其他祕密的念頭。她並沒有朝父親在等待她的太陽旅館走去。但是她也認為，在狄歐梅別墅附近，有個陰暗的形體正在尋求埋葬之處，在一個紀念碑下面消失不見。因此，她以腳跟垂直抬起的步態走向墳墓街。此時諾貝已經既羞愧又迷惑地跑到了那裡，正在庭院的門廊中漫步，沒有停下來，一心一意要解決自己的其他問題。有一件事他已經了然於胸。他真是既愚蠢又不理性，竟然相信自己是在跟一個復活了的龐貝城女孩談天。在明白了自己有多麼瘋狂之後，他無疑恢復了理性。然而，別人也在和這個活生生的女孩交談，就像和有血有肉的人講話一樣。她就是格拉底瓦，而且她知道他的名字。他那還沒有被驚醒的理性，還不足以解開這個謎團。他的情緒仍然波濤洶湧，而不足以面對這麼困難的事情。他寧願在兩千年前被埋在狄歐梅別墅，只為了不必再遇見柔伊（格拉底瓦）。他既渴望要見她，卻又很想逃走。

他在四根廊柱的其中一個角落轉彎，忽然遲疑起來。在一片殘垣上，坐著一個在狄歐梅別墅死去的女孩。但是他不久就放棄想要再度托庇於瘋狂狀態的念頭。不，那是格拉底瓦，她顯然是要來跟他分享最後一片麵包。她正確地解析了他第一次本能舉動，認為他是想要逃走，並且對他說他這時候沒辦法離開，因為外面正在下著傾盆大雨。這個無情的女孩開始檢視一個問題：他本來想對她手上的那隻蒼蠅做什麼。他沒有勇氣用一個明確的代名詞，倒是有勇氣提出了決定性而且有價值的問題。

「就像他們說的，當時我的心智迷亂，請妳原諒我……那隻手……那個模樣……我怎麼會那麼愚蠢，我真的不明白；但是我也不明白那隻手的主人怎麼可能說出我的名字，責備我的……我的瘋狂行為。」（頁203）

「諾貝．哈諾，你的理性還沒有完全恢復。當然，我並不會驚訝的，因為我已經很習慣你顛三倒四的模樣了。我不必到龐貝城來就知道了。你原本可以在一百哩外的地方就讓我確定這點。」

「就在你家的正對面，在街角的房子；在我的窗子裡，在一只鳥籠裡，那是一隻金絲雀。」她對於這個困惑的男人揭露事實。

這個「金絲雀」就像來自遙遠地方的記憶，觸動了主角。的確是那隻鳥，牠的歌聲讓他想到要旅行到義大利。

「在那間屋子裡，住著我的父親，動物學教授理查．伯特根。」

原來她是他的鄰居，才會知道他的名字。看似膚淺的解答真是讓人失望，它在威脅著我們讀者，這個解答並不符合我們的預期。

諾貝．哈諾還沒有顯示出他已再度獨立思考，他重複說，「那麼妳是……是嗎？柔伊．伯特根小姐？但是以前她的外觀看起來完全不一樣……」

此時伯特根小姐的回答讓我們知道，除了鄰居的關係之外，他們還有其他關係存在。他對於中午出現的那個幽靈使取了一個親密的名字，但是在面對活生生的女孩時，卻又放棄這種稱呼，但是她知道如何提出善意的解釋。她使用了以前的特權。「如果你認為這個名字比較適合我們，我也可以使用它，你知道，但另一種名字對我而言比較自然。我們小時候每天就像朋友一樣追來追去，有時也會賞對方巴掌，我不知道那時我看起來是否有所不同。但是如果你最近幾年看過我的話，應該會知道，我的這個模樣已經有一段很長的日子了。」

原來，兩個人之間曾存在一段童年友誼，也許是青梅竹馬的愛情，所以親密的稱呼有其正當性。這種答案難道不是和剛才假設的那種解答一樣膚淺嗎？我們想到，這種童年關係不期然地說明了現在兩人的互動細節，如此，事情變得更有深度。諾貝・哈諾需要以實驗的方式解決幽靈的身體存在問題，因此有堂而皇之的動機對著柔伊（格拉底瓦）的手打了下去；從另一個角度來看，這難道不是非常類似「推搡」（Knuffen und Puffen）的衝動的再現？而柔伊所說的話已經證實了這種「推搡」在童年的影響力？當格拉底瓦問這位考古學家，他是否覺得他們在兩千年前有一次共吃午餐，如果我們用銘刻在這女孩心裡、而這個年輕男人似乎遺忘了的個人童年記憶，來取代歷史的過去，那麼這個無法解決的問題不就豁然開朗了嗎？難道我們不會突然想到，這個年輕人對格拉底瓦的幻想，或許是在呼應他的童年記憶嗎？因此，他的幻想並不是想像力的任意產物，而是他不知不覺地由被遺忘而仍然在心裡擾動的童年印象決定的。就算是猜測，我們想必也能夠詳細指出這些幻想的源頭。例如，如果說格拉底瓦是出身希臘家族，是個貴族的女兒，也許是穀神祭司的女兒，那麼，當我們知道她的希臘名字叫作「柔伊」，父親是動物學教授，就會想要知道它會導致什麼效應。然而，如果諾貝的幻想是轉化過的記憶，我們就可以在柔伊．伯特根這個名字揭露之後，期望看到這些幻想的源頭的提示。我們就來聽聽吧。她要告訴我們童年時兩小無猜的親密友誼。我們不久會知道，這種童年的關係在兩人有什麼發展。

「那時候，一直到人們不知怎的叫我小姑娘之前，我其實對你一直有一種奇怪的好感，認為這世界上永遠找不到比你更可愛的朋友。我沒有母親、姊姊或哥哥，你知道。對於父親而言，酒精裡的蜥蜴比我有趣得多，而大人們（我認為女孩也是大人）總是有讓他們沉迷的對象。那時候，你就是讓我沉迷的對象，但是當考古學征服了你，我就發現你——恕我無禮，但是你那種文謅謅的新潮語言在我聽起來太無聊了，也不適合我想要表達的——我是說，後來你變成讓人很受不了的人，在我看來，你不再有眼睛，不再有舌頭，也不再記得我們的童年友誼。所以，我也許看起來和以前不同。當我在派對中偶然遇見你時，甚至是去年冬天，你並沒有多瞧我一眼，我也沒有聽到你的聲音。當然，這對我而言並不是什麼殊榮，因為你也是這麼對待所有其他人的。對你而言，我只是空氣。你有一頭鳥窩似淺色頭髮，我以前喜歡拉扯它。你這個人很枯燥無趣，不愛講話，像個白鸚鵡標本，卻又很浮誇，像隻……始祖鳥，我是說那種出土的古老怪鳥。但你的腦袋裡有很美妙的想像力，以致你以為我是在龐貝城裡被挖掘出來而復活的人——這點我倒是沒有想到。當你突然站在我面前，我花了好大的工夫才明白你的想像力捏造了什麼不可思議的幻象。那時候我覺得很有趣，雖然它實在是太瘋狂了，但是我完全沒有感到不悅。就像我說的，我並沒有想到你會這麼做。」（頁205~206）

她清楚告訴我們：這幾年間兩人的童年友誼變成了什麼樣子。對她而言，它漸漸延伸思惹情牽的愛戀，因為你知道，一個人，也就是一個女孩，總會有個感情寄託的對象。柔伊小姐這個「聰明」和「清晰」的化身，也讓我們看清楚她的心理世界。如果一般而言，正常的女孩都是先把感情投射到父親身上，那麼她應該也會特別樂於這麼做。她在家裡有父親，但是這個父親對她不聞不問，因為科學知識吸引了他所有的興趣。所以她必須另尋他人，特別狂熱地依戀年輕時的玩伴。雖然這個玩伴也不再理睬她，卻並不因此損害她的愛情，反而越陷越深，因為他也已經變成父親的角色，像父親一樣沉迷於科學知識，因而離群索居，而完全忽視柔伊的存在。所以，她可以在不忠實裡保持忠實，在她的心上人裡頭再度找到她的父親，以同樣的感情擁抱兩個人，在她的感情裡讓兩人成為一個人。這或許是相當武斷的小小心理分析，它的理由何在呢？這則傳奇的作者透過既單純又離奇的敘事把理由告訴了我們。柔伊為我們描述這個年輕時的玩伴出現了她認為很可悲的轉變，她嘲諷他，把他比擬為始祖鳥（Archäopteryx），也就是動物考古學裡的那種怪鳥。如此，她以單一具體的措詞把兩人視為一人。她用同樣的語言把怨恨發洩在她的心上人和她的父親身上。始祖鳥可以說是一種妥協或中項的概念（Kompromiß- oder Mittelvorstellung），她認為她的心上人和「她的父親同樣愚蠢」。

這個年輕人的轉折則很不同。考古學知識征服了他，讓他只對銅雕和石雕女人感興趣。童年的友誼枯萎了，沒有發展成一種熱情，童年友誼的記憶消退了，成為絕對的遺忘狀態，當他在社交場合中遇見年輕時的這個朋友，他也就認不出她來，更不會注意她。當然，當我們繼續觀察下去時，也許我們會懷疑，「遺忘」（Vergessenheit）是不是正確的心理學名詞，可以用來形容我們這個考古學家的這些記憶。有一種遺忘特別難以喚醒記憶，即使藉由強烈的客觀訴求也很困難，宛如主觀上抗拒記憶的再現。這種遺忘在病態心理學（Psychopathologie）中有一個名字，叫作「潛抑」（Verdrängung）。煙森先生提供我們的這個個案，似乎是個「潛抑」的例子。一般而言，我們並不知道，在心理世界裡對遺忘某個印象是否關係到記憶痕跡的損壞。關於「潛抑」，我們能夠確定的是，它並不是記憶的損壞或湮沒。一般而言，潛抑的內容並不會以記憶的形式執行作用，但是會一直具有效能和作用的潛在性。有一天在外力影響下，它會導致心理方面的任何結果，人們可能會視之為轉化作用的產物（Verwandlungsprodukte）或被遺忘的記憶的殘留（Abkömmlinge）。如果不抱持這種看法，我們就無法了解。在諾貝・哈諾對於格拉底瓦的幻想中，我們看到他對於與柔伊・伯特根的童年友誼被潛抑的記憶殘留。如果這個男人的情色感覺被困在被潛抑的想法裡，如果潛抑涉及情欲的話，那麼，我們就可以合理預期被潛抑的內容回歸（Wiederkehr）的規律性。以下這則拉丁格言也許原本是透過外在影響的袚除（Austreibung），而不是指內心衝突，但是還是有道理：「你可以用雙尖叉驅除自然的天性，但它總是會回歸。」（Naturam furca expellas, semper redibit）不過，這句格言並沒有說出一切，它只指出「被潛抑的內容會回歸」的事實，完全沒有描述這種回歸最不尋常的方式，而這種回歸似乎是取徑於惡意的背叛。被潛抑的東西——有如格言裡的「雙尖叉」——就變成了導致事物一再出現的媒介。被潛抑的內容，在潛抑力量裡面以後終究會勝出。費利西恩・羅普斯（Felician Rops）[3]有一幅著名的蝕刻版畫，證明了這個一般人忽視而不接受的事實，勝過許多其他的說明，令人印象深刻。羅普斯是用聖人和悔罪者生命中典型的潛抑案例加以證明。有個苦行修士捨棄世界的誘惑，托庇於受十字架苦刑的「救主」形象。然後，這個十字架形象有如幽靈一般隕歿，取而代之的是個豐腴的裸體女人形象，光彩奪目地升天，姿勢就像十字架上的「救主」。其他比較不具心理洞察力的畫家在描述這個「誘惑」時，會把「罪」描寫得厚顏無恥而趾高氣昂地挨近十字架上的「救主」。只有羅普斯是讓「罪」直接取代十字架上的「救主」；他似乎知道，被潛抑的事物會從潛抑者回歸而自動出現。

我們不妨停下看看病人的個案，在潛抑的狀態下，一個人的心理對於被潛抑內容的靠近有多麼敏感，只要有一點點相似情境，就會觸發在潛抑者背後的它而起作用。有一次我在為一個男孩看診，他在偶然的一次情竇初開時，以各種潛抑手段逃避高漲的性慾，他的求知欲變得很旺盛，童年對於母親的依戀也被誇大，

3 編按：費利西恩・羅普斯（Felician Rops，一八三三～一八九八），比利時版畫家，以描繪情色和撒旦崇拜著稱。

變成一個很幼稚的人。我不想細說他對於母親的性慾，而只想描述更加奇特罕見的個案，他的另一道防波堤如何因為一個難以察覺的誘因而潰堤。數學一直是以排解性慾的方法而著稱；一個對盧梭（Jean-Jacques Rousseau）欲求不滿的女士就如此建議他：「別管女人了，去研究數學吧。」（Lascia le donne e studia la matematica）。於是我們的難民狂熱地投身在學校裡學過的數學和幾何，直到有一天他的理解力為了幾道看似簡單的題目而癱瘓。其中兩道題目是：兩物體相撞，其中一個物體的速度是……；以及：一個底部直徑為m的圓柱體捲成一個圓錐體……。他發現了數學其中不明顯的性慾暗示，於是也倉皇而逃。

如果諾貝．哈諾是個活生生的人，藉由考古學把夢和對童年友誼的記憶從生活中驅除出去，那麼，一件古代的浮雕喚起被遺忘了的對於童年女朋友的記憶，就會是既正當又正確的事。愛上浮雕裡的格拉底瓦會是他應有的命運，而透過一種莫名所以的相似性，活生生卻被視而不見的柔伊，就在這件石雕背後發揮力量了。

柔伊小姐本人似乎和我們一樣猜到了這個年輕考古學家的幻覺。她在結束「她那直率的說教」時似乎神情愉快，可以說是因為她認為諾貝對於格拉底瓦的愛意就是對她自己的愛。可是她不認為他做得到，儘管他以幻覺當作掩飾。她對他的心理態度產生了有益的影響。他感覺很自由，因為原來的幻覺被另一種東西的幻覺取代了，而原來的幻覺只可能是這個東西的扭曲而無法滿足的複製品。他立刻記起來了，認出她是他的善良、快樂、聰明、沒有多大改變的同伴。但是他也想到另一件奇怪的事……

「一個人必須死了才能復活。對於考古學家而言，這當然是必要的。」女孩說（頁207）。她顯然還沒有原諒他的迂迴轉折：從童年友誼，經由考古學，再到現在重建的關係。

「不，我意思是妳的名字……因為『伯特根』（Bertgang）跟『格拉底瓦』（Gradiva）的意思是一樣，都是指『步態曼妙的人』。」（頁207）

就連我們對於這個環節也沒有心理準備。我們這位主角從卑下的姿態抬頭，扮演一個主動者的角色。他顯然不再有幻覺，超越了它，扯掉幻覺之網最後的絲線。如果藏在病人的幻覺後面的潛抑力量被揭開，強迫性的幻覺被打破，那麼他們也經常會有這種表現。他們一旦明白真相就會豁然開朗，並且解決所處荒誕狀態的究竟謎團。當然，我們相信神話人物格拉底瓦之所以會出身希臘貴族，那是因為「柔伊」這個希臘文名字在暗地裡的副作用，但是關於「格拉底瓦」這個名字，我們並沒有做大膽的假設；我們認為它是諾貝．哈諾的想像力自由創造出來的。請注意！其實這個名字顯示它是一種殘留（Abkomme），其實就是他遺忘了的年輕情人那個被潛抑的名字的一種轉譯（Übersetzung）。

此時，我們處理了幻覺的源頭和解決方法。接下來的部分大可以說是故事皆大歡喜的結局。我們只會看到開心的結果，只要這個原本「需要接受治療」的可悲角色的復健有所進展，並且喚起以前對於這個女孩的感情。他讓這個女孩感到嫉妒，因為他提到那個在梅勒阿格羅之家打擾他們的投緣的女子，也承認這個女子是第一個讓他印象深刻的女人。柔伊很冷漠地告別，並且說道，這時候一切都變得很合理了，尤其她自己，還有，他可以去拜訪吉莎．哈特勒本，不管她現在可能叫什麼名字，為她提供科學上的協助，而她自己必須去太陽旅館，父親正在等她一起吃午餐，也許他們哪一天可以在德國的某個派對或是在月球上再見。這時候，他又要拍打煩人的蒼蠅，其實是要親吻她的臉頰和櫻唇，表現出很積極的樣子，這正是一個男人在愛情遊戲裡的責任。只是，陰影似乎再度籠罩著他們的快樂，因為柔伊提醒他說，她真的必須去父親那裡，否則他會在太陽旅館挨餓。

「妳的父親……他會……？」（頁211）

但是這個聰明的女孩知道如何快速安撫他的憂慮。「也許他什麼都不會做；我並不是他的動物標本裡不可或缺的東西，如果是的話，我的心也許就不會如此不理智地惦記著你。」如果父親在這件事上和她意見不同，那麼有個保險的方法可以解決。諾貝只要到卡布里島抓一隻法拉格利歐尼蜥蜴，為了抓到蜥蜴，他可以用她的小指頭練習技巧。然後讓牠爬來爬去，在父親面前抓住牠，讓他在這隻大陸的法拉格利歐尼蜥蜴和他的女兒之間做一個選擇。我們注意到這個提議裡夾雜著嘲諷和辛酸。這也是對於她的未婚夫的勸誡，不要太過忠於愛人為他選擇的榜樣。諾貝．哈諾在這件事情上讓我們很安心，他盡說一些無關緊要的話以表現他的巨大轉變。他說，他想要跟柔伊到義大利和龐貝城度蜜月，彷彿以前他不曾對那些已婚的奧古斯都和格萊特生過氣。那些從德國旅行到一百哩外的地方的快樂男女，他對他們的感覺已經完全從記憶中消失了。作者引用記憶的減弱作為心智轉變的重要跡象，這確實是正確的做法。關於「她這位從灰燼中挖掘出的童年朋友」（頁213）所說的旅行目的地，她的回答是，她沒有興致決定到哪裡去。

美好的真實已經戰勝幻覺。然而在兩個人還沒有離開龐貝城之前，幻覺卻仍然堅持它的尊嚴。他們行經海克力斯拱門，也就是有古老墊腳石穿越街道的領務大道路口，諾貝．哈諾停了下來，要女孩往前走。她了解他的意思。「這位在格拉底瓦身上復活的柔伊．伯特根，用左手輕輕褰起自己的衣服，就在她的同伴心醉神馳地看著她的時候，踏著安詳而愉快的腳步穿過陽光，越過墊腳石，有到街道的另一邊。」隨著情欲的獲勝，幻覺裡的美好和價值也得到承認了。

無論如何，這篇故事的作者在對「這位從灰燼中挖出的童年朋友」做了最後的比較之後，把沉溺在幻覺裡的主角用來掩飾被潛抑的記憶的那把象徵鑰匙放到我們手裡。有一種類似的潛抑，它既讓心理事物變得遙不可及而又得以保存，那就是埋葬；埋葬是龐貝城的命運，而這個城市也經由鏟子從埋葬中復活。因此在這個年輕考古學家的想像裡，他必須把那個使他想起童年被遺忘的情人的原始浮雕人物轉換到龐貝城。煙森以他的細膩心思追尋個人的心理事件和人類的歷史事件之間的微妙意義，無論如何，他有權利如此著墨。

二

其實，我們本來是想藉助於明確的分析方法，只探討我們在《格拉底瓦》裡讀到的兩、三個夢。我們怎麼會變成分析整個故事、檢視兩個主角的心理事件呢？其實這並不是多此一舉，而是必要的準備。就算我們想了解現實世界裡人們真實的夢，也必須用心去了解這個人的個性和命運，不只是做夢前不久的經驗，更包括很久以前的經驗。無論如何，我認為，我們還不能進行我們真正的工作，必須就這篇故事本身多著墨，做更多準備的工作。

當然，如果讀者注意到一件事，他們就會很訝異：到目前為止，我們探討了諾貝．哈諾和柔伊．伯特根的所有心理表現和舉止，宛如他們是真實的人，而不是作者創造出來的角色，彷彿創造他們的人的心靈是完全透明的，而不是難以駕馭且模糊的媒介。如果說《格拉底瓦》的作者稱呼他的故事是「幻想曲」而就明確否認這是個真實故事，那麼我們的處理方式想必更加讓人拍案叫絕。然而我們卻發現，他所有的描述都相當忠實地模仿真實，所以就算有人不把《格拉底瓦》稱為「幻想曲」，而是精神病學的研究，我們也不會反對。威廉．煙森只在兩個要點上使用了他的自由權，創造出似乎違反現實法律的假設。第一，他讓年輕的考古學家發現了一件確實是古代的浮雕。不僅在步態上，更包括臉形以及體態的所有細節，都複製了一個遠古的人，所以他有理由認為這個有血有肉的人就是浮雕的化身。第二，男主角在龐貝城遇見這個活生生的女孩。他藉由幻想把死去的女孩轉移到那裡。他旅行到龐貝後，離開了自己和在家鄉街上注意的那個活生生的女孩。這第二個例子並沒有悖離生活的可能性。它只藉助於那種捉弄人類命運的「偶然」，並且把它合理化。這種「偶然」則又反映了一種宿命，一個人怎麼逃避它，都會陷入這個宿命裡。第一個假設似乎比較荒誕，而且只是出自作者的獨斷想法。這個假設的結果是：浮雕和這個活生生的女孩一模一樣。由於寫作的簡練，這些相似處僅限於她的步態。因此，我們可能會馳騁想像，以確立和現實之間的關係。「伯特根」這個名字可能意指一個事實：這個家族裡的女人在古代就以曼妙步態聞名，而就遺傳來說，德國的伯特根家族和羅馬人有關。這個女人的家庭促使古代的藝術家塑出一件步態特殊的浮雕。然而，由於人類結構的個體變化彼此有關聯，而我們在蒐集的標本裡看到的古代類型，其實會在我們當中不斷再現，所以，一個現代的伯特根有可能複製古代祖先的形態，甚至身體的所有其他特徵。如果探問故事作者有關他的創作源頭，也許比這種猜測更加明智，而且可能解答我們認為的獨斷部分。然而，由於我們無法窺探作者的心理世界，所以我們就讓他擁有應有的權利，那就是讓他有權利基於不合理的假設而正當地鋪陳他的故事。莎士比亞在《李爾王》裡就主張過這種權利。

除此之外，我們希望再說一次：威廉・煙森已經為我們的精神病學研究提供了絕對正確的方法，讓我們在其中衡量我們對於心理世界的了解。他提供了一個有關疾病和治療的故事，作為臨床心理學的基本學說。他居然會這樣做，真是難以想像的事！如果他在回應質疑時否認他有這個意圖呢？要進行比較並且賦予某個結構，那是很容易的。把作者不熟悉的祕密意義編織到這則如詩如畫的故事裡的，難道不是我們嗎？我們以後會回來討論此事。然而，我們已經做好準備工作，盡量不以那種意圖去解析。我們會以作者自己的話來重述故事。我們已經讓作者自己提供了內文和評論。只要比較我們的內文和《格拉底瓦》內文的人，應該都會同意我們的說法。

也許，當我們宣稱作者這部作品是一則精神病學的研究，大部分人都會認為是誤解了這位作者。我們都被告知說，作家盡力不要碰精神病學，讓醫生去談論病態心理就好。事實上，沒有真正的作家理會到這個告誡。描述人類的心理世界，當然是作家的特長；作家一直是科學以及科學心理學的先驅。正常心理和病態心理之間的分野就某個意義而言是很傳統的，而就另一個意義而言，則是不斷在變動的，也許我們每個人在一天之中都會多次逾越這個界線。另一方面，如果精神病學僅限於研究因敏感的心理器官嚴重失調而產生的大小疾病，那也是錯誤的。精神病學同樣研究比較不重要、可以矯正的異常狀態，而我們只能把這種異常狀態歸因於心理功能失調。其實，精神病學是藉由這些失調，才能了解正常的狀態，以及嚴重疾病的症狀。如此，作家並不是臣屬於精神病醫生，而精神病醫生也不會臣屬於作家。以詩意的方式探討精神病學的主題，就會有正確的結果，而不破壞美感。

在讀完這則故事並解決了我們的疑惑之後，我們更加觀察到這則有關疾病及其治療的故事的想像性描述，而這種描述其實都相當正確。現在，我們希望以科學的專門術語再描述一次。而要這樣做，就必須重複剛才說過的事。

這篇故事的作者老是把諾貝．哈諾的狀態稱為「幻覺」（Wahn），我們也沒有理由拒絕這種說法。我們可以提到「幻覺」的兩種主要特性，雖然不能完整描述它，但「幻覺」確實不同於其他異常狀態。「幻覺」首先是屬於一系列的疾病，這些疾病不會直接影響生理，而是只會透過心理徵兆來自我表達。其次，「幻覺」的特徵在於一個事實：「幻想」占了上風，也就是說被相信了，並且影響了行動。我們回憶故事主角跑到龐貝城，在灰燼裡尋找格拉底瓦的足跡，這就是「幻覺」支配行為的絕佳例證。精神病醫生也許會說諾貝．哈諾的「幻覺」是種種偏執（Paranoia），稱之為「戀物色情狂」（fetischistische Erotomanie），愛上浮雕是這個年輕考古學家的特徵，因為他把一切都粗俗化，於是對於女人的腳和步態感到興趣，想必有戀物癖的嫌疑。然而，有關不同種類的幻覺的名字和分類，其實既沒有用又很麻煩。[4]

尤有甚者，老派的精神病醫生會說我們這個主角是個墮落者（Dégénéré），因為他這個人有怪癖而且會出現幻覺；老派的精神病醫生也會探究不斷把他推向這種命運的遺傳特徵。然而，煙森並沒有這樣做。他很有理由讓我們更接近主角，更容易產生「同理心」（Einfühlung）。如果把這位年輕考古學家診斷為

4　我們必須把諾貝．哈諾的個案視為歇斯底里的幻覺，而不是偏執狂的幻覺。這個個案中並不見偏執狂的症狀。

「墮落者」，無論在科學上是否正當，他就會立刻遠離我們，因為身為讀者的我們當然是正常人，也只是一般人。《格拉底瓦》的作者幾乎不關心一些基本事實，包括遺傳特徵以及相關的身體結構，反而是專注於可能導致這種幻覺的個人心理狀態。

諾貝．哈諾的行為和平常人有個重要的差別。他對有生命的人不感興趣；他專注的科學使得他失去這方面的興趣，而寄情於石雕或銅雕裡的女子。我們不要輕忽這點；它其實是故事的基礎。有一天，單單一件這樣的浮雕就會吸引原本只對有生命的女子感興趣的人，因而產生這種幻覺。這則故事告訴我們，這種幻覺如何因為幸運的機遇而得到治療，他的感情從浮雕回到有生命的女人身上。故事的作者沒有告訴我們主角為什麼會逃避女人。作者只暗示我們說，這種行為不是出於他的本性，也許是某種幻想或者性慾的需求。我們後來也知道，他在童年時並不會和其他孩子疏遠；他當時和這個小女孩很要好，甚至和她形影不離，和她共享午餐、推搡她、被她拉來拉去。這種依戀、這種溫柔和打打鬧鬧的結合，表達出孩子生活裡的不成熟的性慾。這種性慾先是以事後的方式、接著以無法抗拒的方式表現。只有醫生和作家會把童年的這種性慾視為性慾。我們這位作家要我們清楚了解到他有這些意圖，因為他筆鋒一轉，提到適當的動機，在他的主角心中喚醒對女人的步態的生動興趣。就科學以及就家鄉的女人而言，這種興趣想必會讓他蒙上「戀足癖」的汙名，然而在我們看來，那應該就是源自對於童年玩伴的記憶。其實這個女孩小時候的步態很美麗，幾乎以垂直的方式踮起腳跟。藉由這種步態的描述，古代浮雕後來就對於諾貝．哈諾具有很大的意義了。我們要立刻補充說，就戀物癖的特徵源頭而言，《格拉底瓦》的作者完全符合科學。自從比奈（Alfred Binet）[5]的研究以來，我們確實會把戀物癖追溯到童年的性慾印象。

持續躲避女人，會為個人處境提供形成幻覺的傾向。精神不正常的發展一開始是：某個偶然的印象喚醒遺忘了的童年經驗，而這種經驗至少可以追溯到他的性慾。然而，當我們考慮進一步的結果時，「喚醒」其實不是正確的說法。我們必須以符合藝術的心理學說法來重述作者的正確表現。諾貝．哈諾在看到浮雕時，並不記得他的童年朋友有這種步態。他確實不記得，然而，浮雕的每個影響

5 編按：比奈（Alfred Binet，一八五七～一九一一），法國心理學家，和提奧多．西門（Theodore Simon）共同提出智力量表，是現代智力測驗的基礎。

力都源自他和童年印象的這種關聯性。童年印象不斷擾動，越來越活躍，開始表現種種作用，只不過沒有出現在意識中，而是在「潛意識」（unbewußt，無意識）裡。「潛意識」是我們在病態心理學裡無法避免的語詞。我們不想看到「潛意識」這個詞掉入哲學家和自然哲學家的口舌之辯。關於這個既活躍而又不會進入意識的心理事件，我們現在沒有更好的名字，其實「潛意識」就是只有這個意義。如果許多思想家想要辯駁說，這種「潛意識」的存在是不理性的，我們會認為他們不曾專心研究類似的心理現象，而且拘泥於一般人的想法，認為凡是活躍而強烈的心理活動都會是有意識的。他們仍然必須去認識作家已經很清楚的一件事，那就是，當然會有些心理事件是既活躍又強烈、卻又遠離意識的。

我們先前說過，關於和柔伊的童年有關的記憶，就諾貝・哈諾而言，是處於「潛抑」狀態，而我們稱呼這種記憶為「潛意識」的記憶。當然，在這裡我們必須注意到這兩個意思似乎偶合的專有名詞之間的關係。要釐清並不難。「潛意識」的範圍比較廣，「潛抑」則是比較狹義的。凡是被潛抑的事物都是潛意識的，但我們卻不能說，凡是潛意識的事物都是被潛抑的。如果諾貝在看到浮雕時記起了他的柔伊走路的模樣，那麼，一種從前的潛意識記憶就會立刻變得活躍而又有意識，如此就會顯示它從前並沒有受到潛抑。「潛意識」是個描述性的語詞，在很多方面都是不明確的，可以說是靜態的；「被潛抑」（verdrängt）則是個動態語詞，涉及心理力量的運作以及另一個事實：有一種力量努力要表達所有的心理活動，包括要再度「被意識到」（Bewußtwerden），但是也包括一種反作用力，一種抗拒力量，它可能會阻礙部分的心理活動，包括「被意識到」。受到潛抑的素材的特徵是：儘管它很強烈，卻無法突破阻礙而進入意識狀態。因此，就諾貝的情況而言，當浮雕出現在他的眼前時，潛意識受到潛抑，簡言之，就是一種潛抑的內容。

諾貝・哈諾關於他和步態曼妙的女子的童年記憶受到潛抑，但是這還不是有關心理情況的正確觀點。如果我們只探討記憶和想法，就會停留在表面。心理世界裡唯一有價值的東西毋寧是感情。所有的心理力量只因其可以喚醒感情才會有意義。種種想法之所以受到潛抑，都只是因為它們和那些隱藏的感情的釋放有關。更正確的說法是：「潛抑」處理感情，但是我們必須把感情和種種想法連結在一起才能了解它。如此，就諾貝・哈諾的情況而言，情欲的感覺受到潛抑。由於性慾的對象就只有他年輕時的柔伊・伯根特，所以對她的記憶也被他遺忘了。

那件古代的浮雕喚醒他心中沉睡的性慾，使得童年記憶活躍起來。由於他心中有一種抗拒性慾的力量，於是這些記憶只能以「潛意識」的姿態活躍。他心裡的擾動正是性慾的力量和潛抑它的力量之間的掙扎，而掙扎的結果就是產生幻覺。

本書的作者沒有提到主角壓抑性慾的動機。主角對於科學的興趣當然只是一種「潛抑」的方法。醫生須對此更加深入探究，但是在這個案例中也許不會發現源頭。然而，如同我們讚嘆的，《格拉底瓦》的作者毫不猶豫地對我們描述說：受潛抑的情欲之所以被喚醒，是潛抑行為的方法導致的。我們這位考古學家正是透過古物，也就是女子的浮雕，而被迫脫離對於愛情的淡漠，他被警告要脫離這種狀態，才能還清我們出生時就背負的債。

這件浮雕所激發的最初徵兆是：他對於浮雕女孩產生幻想。這個模特兒在他看來簡直就像是現代人，彷彿藝術家從實際生活中選定某個街上的女孩。他為這個古代女孩取名為「格拉底瓦」，其字源是戰神格拉底烏斯（Mars Gradivus）。他為她的人格賦予越來越多的定義。她可能是貴族的女兒，也許是某個族長的女兒，他負責神廟的祭祀。他相信自己在她的五官中看出了希臘人的血統，最後被迫把她從喧囂的大都會轉換到偏僻的龐貝城，讓她走在用以穿越街道的熔岩墊腳石上。這些天馬行空的幻想似乎是很恣意的，卻沒有什麼破綻而無傷大雅。甚至，他第一次產生採取行動的衝動，為了「這種步態是否存在於現實」的問題而決定在現實生活裡觀察現代女子的腳步，這種行為滿足了有意識的科學動機，彷彿對於格拉底瓦的浮雕的興趣都是源自對於考古學的專業興趣。當然，街上的女子一定會覺得他的行為很粗俗而色情；我們必須承認她們是對的。我們認為，諾貝確實不知道自己的動機，正如他不知道自己對格拉底瓦的幻想是打哪裡來的。我們以後會知道，這些幻想其實是源自對於年輕時的情人的記憶，是這些記憶的殘存，是這些記憶的轉換（Umwandlungen）和變形（Entstellungen），它們沒有以原型闖入意識。諾貝基於「浮雕是在表現『當時的事物』」的美感判斷，而不再認為這種步態可見於街上任何女孩。「描摹」（寫生）的印象以及認為她有希臘血統的幻想，都是源自她的名字柔伊，希臘文是「生命」的意思。這個終於不再有幻覺的男人告訴我們，「格拉底瓦」是個美好的譯名，翻譯出她的家庭名字「伯特根」，意思也是**步態曼妙**。他知道柔伊．伯特根的父親是個有名的大學教授。這點也許就轉換到古代，成為神廟的祭司。最後，他的想像力把她轉移到龐貝城，不是因為「她那輕雲蔽月的閒適儀態」，而是因為以他的考古學所知，對於這個荒誕的情況，實在是找不到更好的類比了，而他在這個情況裡尋尋覓覓，隱約感覺到童年的友誼記憶。如果說他以古代的過往來掩蓋他自己的童年，那麼，龐貝城的掩埋，這個保有歷史的城市的消滅，就類似於他透過所謂「內在心理」（endopsychisch）的知覺認識到的**潛抑**。作者在故事結尾讓女孩有意識地使用同樣象徵，就正在他身上發揮作用。

「我對自己說，我自己一個人在這裡一定會挖掘出什麼有趣的東西。當然，我完全沒有想到會幸運遇見妳，吉莎。」（頁197）。在故事結尾地方，女孩回應了這個「從灰燼中挖掘出的童年朋友」所說的旅行目的地。

如此，我們在諾貝最初的幻想和行為裡，發現了雙重的決定（Determinierung），其來源各自不同。其中一種決定是諾貝自認為的決定，另一種則是我們重新檢視他的心理事件之後發現的。前者是有意識的決定，關係到諾貝個人，後者則是他完全沒有意識到的。前者源於和考古學有關的一連串聯想，而後者的源頭則是受到潛抑卻在他心裡越來越活躍的記憶，以及和這些記憶關係緊密的感情衝動。前者似乎是表面的，掩蓋了後者，而後者又在前者的背後自我掩蓋。我們可以說，科學的動機會成為潛意識情欲的藉口，也會為幻覺說話，但是我們也可能不會忘記，潛意識的決定只會滿足有意識的、科學的決定。幻覺的徵兆，也就是幻想和行為，是兩種心理擾動妥協的結果。而在一種妥協之中，兩方的要求都會被考慮。兩方都不得不放棄自身想要實現的事情。一旦妥協成立，就會出現掙扎，在這裡就是我們假定的衝突，即「被潛抑的情欲」和「情欲在潛抑當中獲取的力量」之間的衝突。在幻覺的形成當中，這種掙扎是永不會結束的。

在每次妥協形成後，攻擊和抗拒會重新開始；每次的妥協的形成永遠都不會讓人滿足。我們這位作家也知道這點，因此，他就激發一種不滿足感，一種特殊的不安，在意亂情迷當中支配著他的男主角，作為進一步發展的準備和保證。

幻想和抉擇的雙重決定的這個特殊性，會為行動找到有意識的藉口，而就行動的動機而言，被潛抑的部分扮演比較重要的角色。我們會在故事的發展中更頻繁且清晰地思考這些重要的特殊性。這是很正確的，作者煙森在這方面已經有所領會，描述了病態心理事件作用的主要特性。諾貝・哈諾的幻覺在一個夢中開展，而這個夢境並不是由新的事件引起的，而是完全源自他的心理世界，而他的心理世界則被一種衝突占據著。然而，我們還是不要證明《格拉底瓦》的作者在形塑他的夢時，是否滿足我們深入探究的期望。我們先問一個問題：就他關於幻覺的起源的說法，精神病學會有什麼看法，還有，這種幻覺在「潛抑」和「潛意識」，在「衝突」和「形成妥協」之間扮演的角色。簡言之，我們這位作者對於幻覺的起源的描述是否經得起科學的評斷？

在這裡，我們的答案也許很讓人意外：很可惜情況剛好相反。面對我們這位作家的成就，科學只能瞠乎其後。在「遺傳和體質的基本事實」以及「幻覺看似成熟的創造」之間，存在著一種裂隙。我們發現，《格拉底瓦》的作者填補了這個裂隙。科學還沒有體認到「潛抑」的意義，也不明白說，如果要說明精神病理學的現象世界，就必須求助於潛意識。科學並不認為幻覺的基礎在於心理的衝突，也不認為幻覺的症狀就是形成妥協。那麼，我們的這位作者就單獨面對所有科學的挑戰了！不，其實不是，如果身為作者的我自認為我的作品是科學的話。我自己多年來一直在為煙森在《格拉底瓦》的觀點辯護。我幾乎是單槍匹馬，直到最近都是如此[6]，並且以專有名詞解釋這些觀點。我以眾所周知的「歇斯底里」（Hysterie）和「強迫症」（Zwangsvorstellung），詳盡說明衝動的壓抑

6 見E. Bleuler, Affektrivität, Suggestibilität, Paranoia, 1906; C. G. Jung, Diagnostische Assoziationsstudien, 1906。

（Unterdrückung）以及代表被壓抑的衝動的「觀念的潛抑」，視為精神失調的個別條件，我也在不久之後，就種種幻覺一再提出同樣的觀點[7]。無論被視為原因的衝動是否一直是性衝動的一部分，或是它們的可能性質有所不同，在分析《格拉底瓦》時都是無關緊要的問題。就這位作者所選擇的個案而言，它只是情欲感覺受到潛抑的問題。那些涉及心理衝突的觀點，以及兩種對抗的心理力量相互妥協以後的症狀，我在臨床診療以的個案之中，都認為是很正確的，就像我在諾貝．哈諾（我們這位作者所發明的人物）身上觀察到的一樣[8]。把神經性的、尤其是歇斯底里的病態行為歸因於潛意識想法的影響，偉大的沙爾科[9]的學生賈內（Pierre Janet），已經在我之前就研究過了，而且和約瑟夫．布留爾[10]在維也納合作[11]。

在一八九三年以後的歲月，我專注於探究種種心理疾病（Seelenstörungen）

7 另見 Freud, Sammlung kleiner Schriften zur Neurosenlehre, 1906。
8 另見 Bruchstück einer Hysterie-Analyse, 1905。
9 編按：沙爾科（Jean-Martin Charcot，一八二五～一八九三），法國神經學家、解剖病理學教授。
10 編按：約瑟夫．布留爾（Josef Breuer，一八四二～一九二五），奧地利心理醫生，和佛洛伊德長期合作，試圖以催眠減輕病人的神經官能症。
11 另見 Breuer u. Freud, Studien über Hysterie, 1895。

的成因，其實很想要在作家們身上驗證我的研究成果。因此，當我知道一九〇三年出版的《格拉底瓦》裡的人物提供了我需要的基礎，我感到相當驚奇，因為我是從自己的臨床經驗找到這個基礎。這位作家是怎麼獲得和臨床經驗如出一轍的知識的？至少他看似擁有這種知識。

我們說過，諾貝．哈諾的幻覺是由一個夢境演變出來的。他在家鄉的街上想要證實有人走路格拉底瓦一樣，因此做了這個夢。我們可以略述一下他的夢境內容。做夢的人在龐貝城這個不幸的城市遇難的那天就在城裡，他看到驚天動地的可怕情景，自己毫髮未傷。他忽然看到格拉底瓦走到那裡。他立刻想到她當然也是龐貝城的人，是住在自己的家鄉，「完全確定她是和他同時代的人」。他為她感到非常緊張，大聲叫喚她，於是她回頭看了他一眼，卻還是繼續往前走，完全不理會他。她在阿波羅神殿的階梯上躺下來，被如雨般落下的灰燼掩埋，臉孔都變成白色大理石的顏色，儼然是一座浮雕。醒來後，他把耳際的城市噪音詮釋為龐貝城絕望的居民的呼救聲，以及海洋狂風暴雨的隆隆聲。他感覺到自己的夢就是他實際遭遇到的事，而這種感覺在他清醒後揮之不去。他相信格拉底瓦住在龐貝城，在那個要命的日子殞命了，這個夢中殘留的想法，是他的幻覺的一個新的開端。

我們很難說《格拉底瓦》的作者寫下這個夢境的意圖何在，以及他為什麼把幻覺的演變和夢境結合在一起。我們在辛苦探究夢境之後，確實累積了足夠的相關例子。那就是，心理疾病和夢有關，也都是源自於夢[12]。據說，甚至在一些名人的生涯裡，決定他們的許多重要行動和決定的那些衝動也都是源於夢。但是這些類比對於我們的認識並沒有多大幫助。因此，我們侷限於我們這個案例就行了，也就是考古學家諾貝．哈諾的案例，而這個人是我們這位作者所虛構的。如果不想讓這個夢成為小說裡不必要的插曲，我們必須抓住這個夢的哪一端，才能把它套進整個意義脈絡？我可以想像讀者會在這個地方大聲說：「這個夢當然很容易說明，它就只是個夢魘，引發它的原因是城市的噪音，而這位在忙著沉思他的龐貝城女孩的考古學家，在其中提供龐貝被毀的一個新的詮釋！」由於一般人普遍不看重夢的活動，所以都不會很重視夢的解釋，認為夢的內容是來自外在刺激，它以夢境作為掩飾。這種導致夢境的外在刺激，正是驚醒睡眠者的那些噪

12　見 Sante de Sanctis, Die Träume, 1901。

音；對這種夢的興趣就此戛然而止。但願我們可以證明這個城市的早上比任何時候都更嘈雜！例如說，如果我們這位作者告訴我們說，諾貝那個夜晚一反習慣，在靠近敞開的窗邊睡覺！可惜我們這位作者並沒有費心這樣做！夢魘有這麼簡單就好了！不，這種興趣並不會這麼簡單就被打發掉。

與外在的、感官的刺激之間的關聯，根本不是夢的形成的基本要素。睡眠者可能完全忽略來自外在世界的刺激；他可能在還沒有做夢時就被這種刺激驚醒，他也可能把這種刺激編織到他的夢中，就算就任何其他動機而言，這種刺激對他而言並沒有用途，就像這裡的情況。有非常多的夢，睡眠者的感官刺激是無法決定其內容的。那就讓我們嘗試另一種方式吧。

也許，我們可以從這個夢在諾貝醒著時的殘留著手。他先前就幻想格拉底瓦是龐貝城的人。這種假定變得很確定，再加上第二件確定的事：她在西元七十九年被埋在那裡[13]。悲傷的感覺，伴隨著幻覺形成的進展，就像在回應充滿在夢裡的恐懼。我們似乎不能準確理解諾貝對格拉底瓦的這種新的傷痛。格拉底瓦已經

13 見頁129。

死去了很多個世紀，就算她在西元七十九年倖免於難。或者，我們可以如此反駁諾伯．哈諾或創造這個角色的作家嗎？我們似乎也沒有辯白的餘地。然而，我們希望這樣說：幻覺因為這個夢而滋長，造成了痛苦的感情壓力。

然而，除此之外，我們的困惑並沒有消除。這個沒夢有自我說明。我們必須透過我的《夢的解析》加以說明，並使用《夢的解析》裡的若干法則來回答夢的問題。

法則之一是：一個夢通常和做夢的前一天有關。我們這位作家似乎想要暗示說他是依據這個法則，把這個夢和諾貝在步態方面的探究直接扯上關係。後者只是意味著他在尋找格拉底瓦，希望由她的特殊步態找到她。因此，這個夢應該提及哪裡可以發現格拉底瓦。這個夢確實提到了，它讓格拉底瓦在龐貝城出現，但這對我們而言並不算是新聞。

另一個法則是：如果在做夢之後，夢中的現實景象持續很久，使得人無法擺脫這個夢，那麼，這並不是因夢中景象太生動而引起的迷惘，而是它本身就是一種心理活動，涉及夢的內容的保證，即夢的內容裡有什麼元素，就像做夢時那麼真實；而且，如果我們相信這個保證，那也沒什麼錯。如果僅就這兩法法則而言，我們應該會推論說，這個夢提供了有關諾貝正在尋覓的格拉底瓦的所在地的真正訊息。我們知道諾貝的夢了，但是應用這兩個法則會有什麼合理的意義嗎？

說來奇怪，其實是有的。這種意義是以一種特別的方式加以偽裝，人們不會立刻認出來。諾貝在夢中知道自己尋覓的女孩住在城市，並且和他同時代。就柔伊・伯特根而言，這當然是真實的，只是在諾貝的夢中，那個城市不是德國大學城，而是龐貝城，時間不是現在，據推估是西元七十九年。那就像是因為轉移（Verschiebung）而造成變形。不是格拉底瓦被轉移到現代，而是做夢的人被轉移到過去。但我們也得到一個基本的新事實：**他和尋找的女孩是在同一個時間和地點**。那麼，這種掩飾和偽裝一定會讓我們以及做夢的人誤解了夢的特別意義和內容，那是所為何來呢？嗯，我們有辦法充分回答這個問題。

讓我們回想一下我們聽到的關於種種幻想（即幻覺的準備工作）的本質和源頭的一切。有人說，幻想會被用來取代被潛抑的不同記憶，也是潛抑記憶的殘留。人們會抗拒讓潛抑記憶原封不動地闖入意識，但是如果透過著轉換和變形去買通抗拒的審查，那麼潛抑的記憶就會浮現意識。這種妥協形成之後，以前的記憶就會變成幻想，這種幻想很容易會被有意識的人誤解，也就是說，會被誤解為支配性的心理力量。現在讓我們假定，夢的場景是一個人所謂的生理「幻覺產物」，即被潛抑的事物和外顯的（manifest）事物之間對抗的「妥協結果」，而這種妥協甚至可能在白天存在於絕對正常的人當中。如此我們就了解到，我們必須把夢視為變形的東西，我們可以在它背後找出其他沒有變形的東西，但就某個意義而言，那是令人不快的東西，就像隱藏在諾貝的幻想後面的潛抑記憶。我們會指出那個眾所周知對比，也就是區分做夢的人在醒著時記得的東西，即**外顯的夢的內容**，以及潛抑作用沒有變形之前的形成夢的基礎的東西，即**隱藏**（latent）**的夢思**（Traumgedanke）。那麼，夢的解析就意味著，把外顯的夢內容轉譯成隱藏的夢思；還原無法通過阻抗的審查的變形。我們在評估正在研究的夢時，我們會發現，潛在的夢思應該是這樣的：「你正在尋覓的那個步態優美的女孩，其實和你一起住在這個城市。」但是這種形式的這種念頭無法闖入意識，有個事實在阻礙著，也就是由於以前的妥協，幻想認定了格拉底瓦是龐貝城的女孩，因此，就算諾貝意識到她和他都生活在同樣的地方和時間，也只會以變形的方式加以認定，也就是你其實是生活在格拉底瓦那個的時代的龐貝城，而夢的外顯內容也會實現這個念頭，表現為他當下生活的時代。

夢很少是單一念頭的描述，或者說是演出，一般而言包含了很多念頭，是一群念頭的描述和演出。在諾貝的夢裡突顯了另一個很明顯的成分，我們很容易就可以清除它的變形，而看出夢所描述的隱藏想法。我們也可以把現實的保證延伸到這個夢的盡頭。在夢中，走路的美麗格拉底瓦變成一件浮雕。這當然只是以意蘊無限而詩意的方式描述實際的過程。其實諾貝的感情已經從有生命的女孩轉移到浮雕上面；可愛的女孩被轉變成一件石頭浮雕。在潛意識裡的隱藏夢思，想要把浮雕變回有生命的女孩。隱藏的夢思加上先前的情況，以如下的方式對他說：「當然，你對於格拉底瓦的浮雕感興趣，只因為它讓你想起現在生活在這裡的柔伊。」但是如果說這種洞見浮現意識，那麼就意味著幻覺的破滅。

因此，我們有責任用潛意識的念頭來取代夢的每個片斷的外顯內容嗎？嚴格說，我們是有責任這樣做。在解析一個人實際的夢境時，我們不能逃避這種責任。那麼，做夢的人就必須提供我們詳盡的說明。我們都會很容易了解到，我們不能強求這位作者創造出來的人物這麼做；然而，我們將不會忽視一個事實：我們還沒有針對這個夢的主要內容進行解析和轉譯的工作。

諾貝的夢當然是個夢魘。它的內容很可怕；做夢的人在睡眠中感覺到很焦慮，痛苦的感覺也繼續存在。說明這點並沒有任何幫助。我們還是回到夢的解析學說就行了。這種學說的內容會要我們不要陷入錯誤，即不要從夢的內容推論出夢裡感到的恐懼，不要把夢的內容和清醒時的想法混為一談。這種學說會要我們注意到：我們會時常夢到最可怕的事情，卻不會感到絲毫的恐懼。其實真正的事實是完全不同的，不容易加以猜測，但是確實可加以證明。夢魘裡的恐懼和性慾的感覺，一種原欲（libidinös）的感受，就像神經質的恐懼，並且是經由潛抑的過程由原欲（Libido）產生的[14]。因此，在解析夢時，我們必須用性衝動來取代恐懼。如此存在的恐懼，此時會對夢的內容發揮（不是很固定但是相當頻繁）某種選擇性的影響力，把某些觀念的因素帶進夢中，而這些因素似乎很適合這種因為對夢的有意識而錯誤的想法而產生的恐懼。前面說過，這絕不是固定的情況，因為某些夢魘的內容一點也不可怕，因此我們無法以意識的方式說明經驗到的恐懼。

我知道，關於夢裡的恐懼的說明聽起來很奇怪而難以被採信。但是我只能勸

14 見 Sammlung kl. Schriften zur Neurosenlehre, V.; Traumdeutung, p. 344。

大家重視這種說明。此外，把諾貝．哈諾的夢和關於恐懼的解釋結合在一起說明，那也會很奇怪。我們會說，夜裡性慾會在做夢的人心中蠢蠢欲動，讓他對心上人的記憶浮現在意識裡，因而擺脫他的幻覺，讓他經驗到新的抗拒和恐懼的轉化，而恐懼則會把可怕的景象從做夢者的學校記憶置入夢的內容。如此，夢的特殊潛意識內容、對於以前認識的柔伊的愛欲渴望，就會被轉換到龐貝城的毀滅以及格拉底瓦的消失的外顯內容裡。

我認為，到目前為止，這聽起來都很合理。我們可以提出一個正當的問題：如果性慾的願望形成這個夢的沒有變形的內容，那麼，我們一定能夠指出：性慾的願望至少有相當的殘留隱藏在這個轉換了的夢境裡。嗯，這點甚或會藉助後來出現於故事中的線索表現出來。諾貝在第一次見到所謂的格拉底瓦時就想起了這個夢，他要求這個幽靈再度以當時他所見的姿態躺下來[15]。於是這個年輕女子站起來，顯得很生氣，離開了她的這位陌生同伴。她在他充滿幻覺的言詞裡聽到某種不得體的性慾願望的意味。我想我們可以採用格拉底瓦的詮釋。這算是有關性

15　見頁165：「沒有——我們沒有交談過——但是當妳躺下來睡覺時，我曾經呼喚妳，就在妳身旁，妳的面容流露著安詳的美，就像大理石一樣。我可以請妳再度以那種方式躺下來嗎？」

欲願望最明確的描述，就真正的夢而言，我們甚至無法要求比這更明確的描述。

如此，我們已經把夢的解析的若干法則應用在諾貝的第一個夢上。我們可以了解這個夢的主要特點，並使它契合故事的順序。那麼，作者想必因為適當地考慮到這些法則而做到了。我們只能再提出一個問題：作者為什麼要為了幻覺的演變而引進一個夢？嗯，我認為這是很巧妙的安排，並且是符合真實情況的。我們聽說，在實際生病時，幻覺的形成時常會結合一個夢，但是在我們說明了夢的性質之後，就不必對此多著墨了。夢和幻覺是系出同源的，都是源自被潛抑的事物；夢可以說是正常人類的生理幻覺。在被潛抑的事物還不足夠強烈，不足以闖入清醒的生活裡而成為幻覺之前，它可能會在比較有利的睡眠中贏得第一回合，以一個具有副作用的夢的形式呈現。在睡眠期間，由於心理活動減少，原本抗拒潛抑事物的力量會出現鬆動，導致夢的形成，因此夢就變成我們了解潛意識的心理狀態的最好方法。只是夢一般會隨著醒時心理活動的盤據而很快就消失，而潛意識占領的地盤也會被掃蕩。

三

在故事的進展中，有另一個夢比第一個夢更值得加以轉譯，使它更契合主角的心理事件。但是，如果我們拋下《格拉底瓦》的敘事，直接來到他的第二個夢，並不會比較省事，因為想要解析一個人的夢，就免不了要全面了解做夢的人的所有主觀和客觀經驗。因此，我們最好追蹤故事的線索並且加以評論。

「格拉底瓦在西元七十九年於龐貝城毀滅時遇難」這個新的幻覺，並不是我們分析過的第一個夢產生的唯一副作用。諾貝決定到義大利，最後到了龐貝城。然而，在這之前，他遇到另一件事。他探出窗外，看到街上有個人的儀態和步態都像極了格拉底瓦，於是不顧自己衣衫不整，就追了到大街上，結果不但沒有追上，反而遭到街上行人一陣嘲笑。他回到房間後，掛在對街屋子窗裡的鳥籠，有一隻金絲雀在鳴囀，讓他稍感快慰，好像他也希望脫離監獄、獲得自由，於是他立刻決定這次春天旅並且成行。

我們這位作者特別突顯諾貝的這次旅行，並且說明他的內心歷程。諾貝的這次旅行當然具有科學的藉口，卻撐不了多久。然而他知道，「旅行的衝動是源自一種無以名之的感覺」。由於內心莫名的不安，他不滿足於眼前的一切，也被迫從羅馬到那不勒斯，再從那不勒斯到龐貝城，但是就算在最後的停留地，他的心情並沒有變好。他對於度蜜月的旅客的愚蠢表現相當惱怒，對於龐貝城旅館裡的蒼蠅的厚顏無恥感到生氣。但是最後他還是相信以下的事實：「他也隱約覺得他的不滿不只是因為四周的環境，而是他自己的問題。」他認為自己太亢奮了，覺得「自己很不對勁，因為他缺少了什麼東西，卻說不上來是什麼。他到每個地方都鬱鬱寡歡」。在這種心情下，他甚至對自己的情婦「科學」生氣了。當他第一次在正午的陽光中漫步穿過龐貝城，他所有的科學都離開了他，他一點也不想重新發現它。「科學知識彷彿是遙遠的記憶，他覺得科學知識是一個乾巴巴的、令人厭倦的老姑媽，是世界上最枯燥無味且膚淺的老婦人。」（頁154）

在這種惱人而迷亂的心態中，和這次旅行有關的謎團，就在他第一次看到格拉底瓦走過龐貝城時被解開了：「他第一次意識到另一件事。他在動機不明的情況下，為了那件事來到義大利，馬不停蹄地從羅馬和那不勒斯來到龐貝城，要看看是否可以在這裡找到她的蹤跡——不折不扣是這個意思——因為她的步態很不尋常，想必在灰燼中留下不同於所有其他人的腳印。」（頁156）

由於我們這位作者很注意描述這次旅行，想必值得說明一下它和諾貝的幻覺的關係，以及它在後續發展中的地位。這位主角起初並沒有意識到這次旅行的動機，直到後來才承認作者稱為「無意識」的動機。生活確實就是這樣；一個人不必有幻覺就會有這種表現；毋寧說對於正常的人而言，這是司空見慣的事情：他們會昧於行為的動機，直到以後，當情感的衝突使他們心生迷惘時，他們才會意識到它。因此，諾貝的旅行自始就是意在加強這種幻覺，要他到龐貝城，到那裡尋覓格拉底瓦。我們要記得，在這個夢境之前或之後，他一直有找尋的念頭，而這個夢本身只是他的意識對於「格拉底瓦在哪裡」這個問題的一種被壓抑的答案。然而，我們沒有體認到的一種力量接著就阻止了幻覺的計畫，不讓它闖入意識，所以，只有那些部分復活的不充足的藉口，成了這次旅行有意識的動機。作者設定了另一個謎團，讓諾貝做了這個夢，在街上看到了所謂的格拉底瓦，以及因為金絲雀鳴囀的影響而決定旅行，一波接著一波，宛如沒有內在關聯性的偶發事件。

我們從柔伊・伯特根後來的說法找到了解釋，使得故事的這個曖昧部分撥雲見日。諾貝在窗前看到的街上的那個女孩，的確就是格拉底瓦的本尊柔伊。因此，做夢的人的說法，「她現在確實在你住在同一個城市、同一個時代」，會很幸運地獲得無法反駁的佐證，而他內心的抗拒在面對這種佐證時就會崩潰。無論如何，那隻鳴囀著促使諾貝出遊的金絲雀，是屬於柔伊的，籠子則是在諾貝房子正對面的她家窗子裡。根據女孩的指控，天生擁有「負面幻覺」能力的諾貝，對於眼前的人都會視而不見，想必自始就在潛意識裡知道我們後來才發現的事情。柔伊就住在對街，她在街上出現，她那隻金絲雀的鳴囀又那麼接近他的窗子，這一切都強化了夢的作用，而在這種情況下，他對情欲的抗拒是很危險的，於是他選擇逃走了。旅行的源頭是，因為當夢裡情欲逼近時，他再度抗拒情欲。這次旅行是他企圖逃離活在當下的心上人。這次旅行其實意味著潛抑的勝利；這一次，潛抑在幻覺裡占了上風，就像在早先的行動中，也就是研究女人和女孩的步態，情欲同樣獲勝了。然而，在對抗的拉扯搖擺當中表現出來的妥協性質處處可見。這次龐貝之旅使他離開活生生的柔伊，走向格拉底瓦。然而，為了抗拒最近的夢思的旅行，卻是遵行夢的外顯內容的命令。如此，每當情欲和抗拒在拉扯時，幻覺總是會獲勝。

我們認知到，諾貝的旅行是要逃避對於眼前的心上人正要甦醒的情欲。這種認知很符合他在義大利時的心境。他對於支配他的情欲的抗拒，表現在對於蜜月旅客的厭惡當中。住在羅馬的旅館時，由於隔壁是一對德國情人「奧古斯都」和「格萊特」，他透過薄薄的隔板被迫聽到他們晚上的談話，使得他做了一個小夢，更使我們了解到他第一次大夢的情欲傾向。這個新的夢再度把他轉移到維蘇威火山爆發的龐貝城，指涉到那個在他旅途中糾纏不清的夢。但他這次看到的受害者，不像上一次包括了他自己和格拉底瓦，而是包括了觀景樓的阿波羅和朱庇特神殿的維納斯。這無疑是在暗諷隔壁房間的那對男女。阿波羅抱起維納斯，把她放在黑暗中的一件東西上。那件東西似乎是一輛馬車或人力車，因為傳來一種嘎嘎聲。除此之外，我們在解析時並不需要特別的技巧。

我們一直都相信，我們這位作者的任何敘事都不會是徒然或無的放矢的。他為在旅行中支配著諾貝的無關性慾的力量提供了另一種見證。在漫遊龐貝城的幾個小時裡，「他並沒有想起自己曾經夢見他在西元七十九年火山爆發時也身處被毀滅了的龐貝城裡」（頁149～150）。在看到格拉底瓦時，他忽然想起這個夢，也意識到這次莫名其妙的旅行的幻覺性動機。這個夢的遺忘，夢境和旅途中的心理狀態之間的「潛抑界限」（Verdrängungsschranke），其唯一的意義是：這次旅行不是夢的直接力量造成的結果，而是對夢的排斥，就像是一種不想了解夢的祕密的心理力量的結果。

然而，另一方面而言，諾貝這次雖戰勝情欲，但是並不快樂。潛抑的心理衝動仍然夠強大，可以藉由不滿足（Mißbehagen）以及忌憚（Hemmung）回擊潛抑的力量。他的渴望已經變成不安和不滿足，使得旅行對他而言顯得沒有意義。他對於旅行動機的洞見為了幻覺而受到阻礙，他和原本應該有興趣的科學的關係也被破壞了。所以，我們這位作家在他的主角逃離了愛情之後，讓他身陷於一種危機當中，一種迷惘和不安的狀態，一種精神錯亂狀態，就是當兩種對抗的力量旗鼓相當而六神無主，往往會表現為精神錯亂的疾病狀態。於是，我們這位作者出手幫助，讓格拉底瓦在這時候出場，由她進行治癒幻覺的工作。他展現其力量，讓自己創造的所有角色的命運都得到圓滿的解決，儘管他還是讓他們符合所有要求，諾貝逃到龐貝城來所要避開的女孩，被他轉移到那個地方。這個年輕人離開自己心上人的家鄉，到他的幻想創造出來以取代那個女孩的死寂城市。因為幻覺使這個年輕人表現出來的愚蠢行為，就這樣改正過來。

柔伊．伯特根以格拉底瓦的姿態出現，意味著故事懸疑的高潮，於是我們的興趣不久就被轉移了。如果說我們直到此時都在體驗某種幻覺的進展，那麼，現在我們會見證到幻覺的破滅。我們可能自問：我們這位作者是憑空捏造幻覺破滅的過程？還是根據實際的可能性去描繪的？從柔伊和她的朋友的談話中的說法，我們確實有理由說男主角幻覺的破滅是由於柔伊的緣故。但是，她是怎麼做的呢？在男主角冒冒失失地要求她再度躺下來睡覺「當時」，她顯然很生氣。但是氣消了以後，她第二天又在同一個地方出現，讓諾貝說出所有祕密，她也明白了前一天的行為。她知道他的夢，知道格拉底瓦的浮雕，以及她和浮雕一模一樣的特殊步態。她在短短的一個小時之間，她就接受了復活了的幽靈的角色，她也注意到那其實是他的幻覺賦予的角色，她也以曖昧的語調悄悄讓他扮演一個新角色，接受了他無意間帶來的墳墓之花，還抱怨了一下為什麼不是送她玫瑰花。

這個聰明絕頂的女孩知道諾貝的幻覺背後隱藏著他的愛，那是驅動的力量，就決定贏回自己年輕時的這個情人當她的丈夫。然而，我們對於這個女孩的行為的興趣卻在這裡遇到了反彈，也許是因為這個幻覺在我們心裡激起奇怪的感覺。幻覺的最新演變，即西元七十九年被活埋的格拉底瓦，這時間竟然變成正午時分的幽靈在諾貝交談了一個小時，然後就不見蹤影或是回到墳墓裡。諾貝也知道她穿著現代的鞋具，不會說古代語言，卻會說古代並不存在的德語，但是他並不因此而動搖。這一切似乎都證成作者的副書名「龐貝城的幻想曲」，卻似乎又排除了任何臨床現實性的標準。然而，我在更加仔細考慮之後，細細咀嚼了這種幻覺難以置信的部分。其實，我們這位作者已經承擔了部分的責任，在故事的第一部分就提出一個事實：就每個特徵而言，柔伊和那個浮雕一模一樣。因此我們必須注意不要因為這個預設太難以置信而推翻了「諾貝以為這女孩是格拉底瓦的復活」的說法。對幻覺的說明在這裡因為一個事實而增強了：我們這位作者並沒有以理性方式去處理它。在熾熱的陽光下，在維蘇威火山上的藤蔓的魔力下，我們這位作者營造了一個致使男主角行為悖理的環境。然而，最重要的解說和辯解環節還是在於：當感情強烈的衝動得到滿足，我們的思考能力會輕易決定接受一種荒謬的內容。有個讓人驚奇而難以接受的事實是：在這種心理情況下，再聰明的人也會表現出局部的低能反應。只要是不太自負的人，都會觀察到自己的這種情況，特別是涉及潛意識或被潛抑的動機。就這點而言，我要引用一位寫信給我的哲學家的話：「我也在自己的經驗中注意到，我會在某些情況中犯下明顯的錯誤，表現出輕率的行為，然後會事後辯解其動機（以很不理性的方式）。讓人驚奇卻很典型的是，其中暴露了多少愚蠢的行為。」現在，讓我們考慮一個事實：人類會相信幽靈、鬼魂、靈魂重返人間，在我們至少像孩子一樣依戀的宗教裡，很多人都贊同這點，而且也不會在知識分子圈消失。許多理性的人也相信招魂術這套。是的，甚至是很冷靜又有懷疑精神的人，也會很慚愧地意識到，當他心旌搖曳而六神無主時，有多麼容易一時就相信鬼神之說。我知道有個醫生，他有個女病人因為巴塞杜氏病（Basedowschen Krankheit）[16]而身亡，而他一直隱約覺得，這個不幸的結果也許是他的治療方式有問題造成的。幾年之後，有一天某女孩走進他的診所。儘管很勉強，他還是忍不住認為她就是那個死去的女人。他的唯一想法是：死人確實可能回到陽間。直到這個訪客介紹自己是那個女子的妹妹，他的恐懼才被羞愧取代。巴塞杜氏病人在五官方面會很相似，而就這個個案而言，典型的相似性會比家族的相似性更誇張。尤有甚者，經歷到此事的醫生就是我，因此，我不想和諾貝．哈諾爭論關於格拉底瓦復活的幻覺在臨床上的可能性。在慢性幻覺（偏執狂）的嚴重病例中，每個精神科醫師都很熟悉各種天馬行

16　編按：毒性瀰漫性甲狀腺腫，一種自體免疫性疾病，會導致甲狀腺功能亢進症。

空而又言之成理的荒謬故事。

在諾貝・哈諾與格拉底瓦初次邂逅之後，他在自己知道的龐貝城的第一家旅館喝酒，然後又在另一家旅館喝酒，而別的客人則在吃他們的午餐。「當然，他心中不曾有荒謬的想法」，也就是說，他不認為他這樣做是為了發現格拉底瓦住在什麼旅館以及在其中用餐，但是我們很難說他的行動有什麼其他意義。在梅勒阿格羅之家第二次見面之後的那一天，他有了各種不尋常以及迭宕曲折的經驗。他在格拉底瓦消失的門廊牆中發現了一道窄縫。他遇到一個愚蠢的獵捕蜥蜴的人，自稱認識他。他也發現了偏僻的太陽旅館，主人還說服他買下一枚有綠色銅鏽的別針，是和一個龐貝城女孩的遺體一起出土的。他更在自己的旅館中注意到一對剛入住的年輕男女，判斷他們是兄妹，而且覺得很投緣。然後，所有這些印象都被編織成下一個荒唐的夢：

「格拉底瓦坐在陽光下的什麼地方，用葉片做個誘餌要捕捉蜥蜴，說道，『你不要動，我的同事說得對，這種方法真的很好，她每次都奏效。』」

他就連在睡眠時也在抗拒這個夢，批評說這個夢真是太瘋狂了，他翻來覆去，想要掙脫這個夢。他也真的做到了，借助於一隻隱形的鳥短促而愉快的叫聲，用鳥喙把蜥蜴叼走。

我們也要試著解析這個夢嗎？也就是以一些隱藏的念頭取代之，因為這個夢想必是源自這些隱藏的念頭的變形。這真是最荒唐的事，而夢的這種荒謬性構成了以下觀點的主要論據：夢不具有合理的心理行動的特性，夢是源自心理因素的雜亂刺激。

我們可以把一種技巧應用在這個夢上。這種技巧可以稱之為夢之解析的慣例程序。這種技巧不考慮外顯的夢裡的表面脈絡（Zusammenhang），而是以個別的方式檢視內容的每個部分，在做夢者的印象、記憶和自由想法中尋求其由來。然而，我們無法檢視諾貝，所以我們就必須相信他的印象，並慎重地用我們自己的想法取代他的想法。

「格拉底瓦坐在陽光下的什麼地方，用葉片做個誘餌要捕捉蜥蜴，說道……」這個夢的這個部分讓人想起有關那天的什麼印象呢？無疑是他遇見了那個捕捉蜥蜴的老年人。而在夢中，格拉底瓦取代了這個老年人。老年人當時是坐在或躺在「烈日當空的」炎熱山坡上，也跟諾貝交談。格拉底瓦在夢中所說的話，也是複製自這個男人。現在讓我們加以比較：「『我的同事艾墨建議的方法確實很好；我屢試不爽。請你不要動……』」格拉底瓦在夢中也說了類似的話，只是**同事艾墨**被某個不知名的女同事取代，而這位老人動物學家所說的「屢試不爽」在夢裡不見了，兩種陳述之間的關聯有點改變。因此，情況似乎是，那天的經驗已經被某些改變和變形而轉化成一個夢。為什麼這樣呢？為什麼偏偏會是這樣的變形、格拉底瓦的取代那老年人，以及那謎樣的「女同事」？

夢的解析有個法則如下：夢裡聽到的話語，經常是源自清醒時聽到或說出的話語。這個法則在這裡似乎很適用。格拉底瓦的話語只是諾貝在白天從那位動物學家聽到的話語的變形。夢的解析的另一個法則會告訴我們說，以一個人取代另一個人，或者把兩個人合而為一，讓其中一個人換位為另一個人，這些都意味著兩個人是相等的，意味著兩個人之間有所對應。現在讓我們大膽把一個法則也應用在這個夢上，那麼解析就會是這樣：「格拉底瓦捕捉蜥蜴，就像那個老年人，並且就像他一樣擅長捕捉蜥蜴。」這個結果還是難以理解，只是目前另有一個謎題在等著我們。在夢裡被用來取代著名的動物學家艾墨的「女同事」，是指涉那天的哪一個印象呢？所幸我們在這裡並沒有很多選擇。「女同事」只會是意指另一個女孩，即諾貝推測是「妹妹和哥哥一起旅行」的那個投緣的年輕女子。「女人在衣服上別著一朵紅色蘇連多玫瑰，從諾貝的角落望過去，玫瑰喚起一種記憶，但是想不出是什麼。」作者的這個觀察確實讓我們有理由認定她就是夢中的那位「女同事」。諾貝記不起來的事情正是：當所謂的格拉底瓦跟他要墳墓之花時，她說人們在春天時會把玫瑰花送給幸運的女孩。無論如何，這句話裡似乎是在示愛。這位幸運的女同事在行的是哪一種捕捉蜥蜴的方法呢？

第二天，諾貝意外發現所謂的兄妹卻卿卿我我地擁抱，因而推翻了他前天的錯誤想法。他們確實是一對情人，正在度蜜月。以後，當這兩個人意外地干擾了諾貝和柔伊的第三次見面時，我們就知道了這個事實。如果我們現在接受一個想法，即諾貝有意識地認為這兩人是兄妹，但是早在他第二天明白了兩人的真正關係之前，已經在潛意識裡看出他們的真正關係，那麼，在夢中格拉底瓦所說的話就很有意思了。紅玫瑰花成了戀愛的象徵。諾貝了解到，這兩個人就像格拉底瓦和他自己不久之後要進入的狀態。捕捉蜥蜴就有了捕捉丈夫的意思。格拉底瓦的話語有了這樣的意思：「讓我來想辦法；我知道如何贏得一個丈夫，就像這個女孩一樣。」

這個對於柔伊的意圖的洞見，為什麼必須以年老的動物學家的話語形式到處出現呢？為何要以這位老年人捕捉蜥蜴的技巧來描述柔伊捕捉丈夫的技巧呢？嗯，我們很容易回答這個問題。我們很久以前就在猜測，這位捕捉蜥蜴的人，就是柔伊的父親動物學教授伯特根。他想必也認識諾貝，所以把諾貝當作熟人在和他交談。再者，讓我們再假設說，諾貝其實在潛意識裡立刻認出這位教授；「他隱約認為自己以前看過這個蜥蜴獵人的臉孔，也許是在其中一家旅館裡。」如此就可以說明為什麼要以荒誕的方式掩飾柔伊的目的。她是這位蜥蜴捕捉者的女兒；她從他身上繼承了這種技巧。因此，在夢的內容當中，格拉底瓦取代了捕捉蜥蜴的人，正是代表兩個人的關係，而潛意識一直知道這點。夢境裡以「女同事」取代**同事艾墨**，是透露了他知道「她追求這個男人」。這個夢在一種情境中運用了兩種當天的經驗。我們可以說，這兩種經驗被加以「濃縮」（verdichtet），是為了以難以辨認的方式表達兩種無法進入意識狀態的想法。但我們可以繼續減少這個夢的荒誕性，指出當天其他經驗對於這個外顯的夢的形成的影響。

我們或許不滿足這個解釋，為什麼捕捉蜥蜴的情景會成為夢的核心，並且認為應該還有其他因素會影響這個外顯的夢中的「蜥蜴」。這也許確實是很容易的事。讓我們回想：諾貝在牆中發現一個隙縫，他原本認為那是格拉底瓦消失的地方。這個隙縫「足以讓纖瘦的人鑽到隔壁」。明白了這點的諾貝，被迫在白天改變他的幻覺；格拉底瓦從他的視界消失時，並不是遁入地底下，而是由這條小路回到墳墓裡。他的想法處於潛意識狀態，他可能會對自己說：有關這個女孩以驚人的方式消失，他此時發現了想當然爾的解釋。但是，穿過狹窄的隙縫而且消失，難道不會讓人想起蜥蜴的動作嗎？那麼，就這點而言，格拉底瓦自己的動作難道不正像一隻靈活的小蜥蜴嗎？因此，我們認為，諾貝在牆中發現了隙縫的這件事，就成為選擇「蜥蜴」作為外顯的夢的內容的決定性力量。因此，夢裡的蜥蜴代表這個白天的印象，也代表他和動物學家（柔伊的父親）的見面。

如果我們在此時大膽希望在夢內容中發現一件事，也代表還未加以說明的另一個當天經驗，即發現第三間旅館「太陽旅館」，那也未嘗不可。我們這位作家詳盡處理了這個插曲，把許多前因後果都串在一起，所以說，如果偏偏這個插曲和夢的形成無關，我們應該會很驚奇。諾貝為了取得一瓶緩解腦充血的酸橙水而走進旅館。由於位置隱密、遠離車站，他當時並不知道這間旅館。旅館的主人利用這個機會大讚自己的古董，讓他看一枚別針，宣稱它是在廣場附近被發現與情人相擁罹難的龐貝女孩所有。諾貝以前根本不相信這個流傳的故事，現在卻被一種陌生的力量驅迫，而相信這個動人故事是真實的，認為這個出土物是真品，於是買下別針，離開旅館。在經過旅館時，他看到窗前水瓶子裡的一株白色水仙花在對他點頭。他覺得這種情景是在證實他剛買下的東西是真品。此時他真心相信那枚綠色別針是屬於格拉底瓦的，而她就是和情人相擁而死的那個女孩。嫉妒的心理在折磨著他。為了拋卻這種心理，他決定第二天把別針拿去給格拉底瓦看，以確定這個疑慮是否真實。這是的怪誕的新幻覺，第二晚上的夢中難道不應該有涉及這種幻覺的任何跡象嗎？

為了了解幻覺擴增現象的產生，值得我們檢視一下這種被新幻覺取代的新的潛意識想法。幻覺是源自太陽旅館主人的影響。諾貝的表現活脫像個缺心眼的人，彷彿從他那裡得到一個暗示（Suggestion）。主人給他看一枚小別針說那是真品，那個被發現死在情人懷裡、被灰燼活埋的女孩所有的。諾貝原本可以有足夠的批判能力懷疑故事的真實性，以及別針是不是真品，結果信以為真，當了個冤大頭，買下很可疑的古董。我們不了解他為什麼會有這種表現，也沒有關於主人個性的隻字片語何可以為我們解開這個謎。然而，在這個事件裡有另一個謎；兩個謎有時可以相互解釋。在離開旅館時，諾貝看到窗前瓶子裡的一束水仙花，認為它證明了那枚別針是真品。怎麼會呢？所幸這件事很容易解決。那白色的花當然就是他在中午送給格拉底瓦的花。他在這間旅館窗前看到了這束花，因此確實有什麼事獲得了證明，不是別針的真偽，而是另外一件事，他在發現這間以前為人忽視的旅館時就了然於胸了。在中午之前，他一直在龐貝城的兩間旅館來回逡巡，認為格拉底瓦就住那裡。此時，當他意外發現第三間旅館，他一定會在潛意識裡說道：「所以她是住在這裡了。」在離開時一定會說：「我要送她的水仙花就在那裡；那扇窗一定是她的房間的。」這就是被幻覺取代的新想法。這個新想法無法浮現意識，因為它的預設（格拉底瓦還活著，是他認識的人）無法闖入意識。

那麼，「以幻覺取代新的想法」是如何發生的呢？我認為是這樣的：那種緊附著其看法的深信不疑的感覺會持續不變，然而，透過念頭的連結而產生的另一個想像內容則會取代那個無法浮現意識的看法。如此，深信不疑的感覺連結到了他其實很陌生的內容，而這個內容以幻覺的形式得到了原本他不會給予的承認。諾貝把他的深信不疑（格拉底瓦住在這間房子）轉移到他在這間房子的其他印象上面。就某個意義而言，他輕信主人所說的事，即別針是真品，兩個情人被發現相擁而亡的故事也是真實的，卻只是因為他認為在這間房子裡聽到的事和格拉底瓦有關。那種在心裡伺機而動的嫉妒占據了這個素材，甚至產生了一個幻覺，而和他的第一個夢相互牴觸，那個幻覺就是：格拉底瓦就是死於情人懷中的那個女孩，而他買下的別針也是屬於她的。

我們注意到，諾貝與格拉底瓦的談話，以及格拉底瓦「透過水仙花」的溫柔示愛，導致了諾貝的重要變化。男性欲望的跡象、原欲的成分，在他心裡被喚起，而免不了還是以有意識的藉口加以遮掩。但是格拉底瓦是有血有肉的人的這個問題，在那一整天裡纏繞著他。這個問題不可否認是源自這個年輕人對於這個女子的身體在性慾方面的求知欲（Wißbegierde），就算我們有意識地強調格拉底瓦是生是死其實是個科學的問題。「嫉妒」是意亂情迷的諾貝終於清醒了的另一個跡象；他在第二天的談話裡一開始就打翻了醋罈子，並且找個藉口，碰觸女孩的身體，用手拍打她（就像很久以前那個男人所做的）。

可是現在我們該問一個問題：我們從作者的描述推論出來的幻覺形成過程，是不是大家都熟悉的，或者說是不是可能的？根據身為醫生的經驗，我們只能回答說，要讓幻覺的臨床性質得到無法動搖的承認，這是正確的方式，也許是唯一的方式。如果說病人堅信自己的幻覺，那並不是因為他的判斷力出現了反轉，也不是源自幻覺的錯誤。而是說，每個幻覺都有一點真實的成分；其中有某種確實值得相信的部分，而那正是讓病人深信不疑的理由。就此而言，病人是正確的。然而，這種真實的部分一直被潛抑，當以變形的形式浮現意識，那種作為補償作用的深信不疑的感覺就會過度強烈，附著於被潛抑的真實部分的變形替代品，不讓它遭到任何批判的抨擊。這種深信不疑會立刻從潛意識的真實部分轉移到和它有關的、有意識的錯誤部分，因為這種轉移（Verschiebung）而固著（fixiert，或譯為「滯留」）在那裡。諾貝第一個夢導致的幻覺形成，其實只是這種轉移的類似（就算不完全相同）情況。是的，作者描述對於幻覺的信念的產生，它的轉移方式和一般沒有遭到潛抑的信念大相逕庭。我們所有的信念都在於思想內容。思想內容真真假假，我們都會相信它，使得這個信念從真實延伸到虛妄。信念從真實部分漫射到和它聯想在一起的虛妄部分，並且不讓它遭到應得的批評，即使不像在幻覺裡那樣不容更改。種種關係和保護，就算在正常心理學裡，也會取代自身的價值。

現在我要回到夢的問題，強調一個不重要但不會無趣的特點，它會連結夢的兩個動機。格拉底瓦讓白色水仙花和紅色玫瑰花形成某種對立；諾貝在太陽旅館的窗前看到水仙花，再度強烈證明他的潛意識念頭表現在新幻覺裡。我們可以加上一個事實，那個投緣的年輕女孩別在衣服上的紅玫瑰讓諾貝在潛意識裡確認她和同伴的關係，並且讓她成為諾貝夢裡的「女同事」。

但是，在外顯的夢的內容裡，有什麼地方可以找到關於諾貝發現的蛛絲馬跡嗎？我是被新幻覺取代的那個發現，也就是諾貝發現格拉底瓦和父親住在龐貝城裡偏僻的太陽旅館。嗯，這部分在夢中完全沒有變形；但我不敢指出來，因為我知道，長久以來一直對我很有耐性的讀者也會強烈反對我試圖解析它。我再說一次，在夢的內容中，諾貝的發現有充分的提示，卻以巧妙的方式隱藏起來，因而難免會忽略它。它被藏在文字遊戲裡，隱藏在歧義（Zweideutigkeit）當中。「格拉底瓦坐在陽光下的什麼地方」；我們正確地把它連結到諾貝遇見格拉底瓦的動物學家父親的地點；但是難道這不能也意指在「陽光」中，也就是在格拉底瓦入住的陽光旅館裡？而如果「什麼地方」不是指涉他和她父親見面，這聽起來會不會太虛偽了？因為它其實已經明確指出格拉底瓦的住處了。根據我以前在解析真正的夢的經驗，我很確定這種歧義的意義，但是如果作者並沒有提出有力的佐證，我真的不會大膽向讀者做這樣的解析。在第二天，當女孩看到那枚別針，作者就讓這女孩說出了在解析夢的內容裡會假定的文字雙關語。「也許你是在太陽底下發現的？它在這裡造就了這樣的藝術品。」[17]諾貝不明白這句話的意思，於是女孩說她是指「太陽旅館」，而她也很熟悉旅館裡這件所謂的古董。

現在我們可以試著用隱藏在諾貝的「非常荒誕的夢」背後、和這個夢大異其趣的潛意識念頭，來取代這個夢嗎？這些潛意識念頭有點像是：「她和她的父親住在『陽光』中；她為什麼和我玩這樣的遊戲？她要開我的玩笑嗎？或者她可能愛我，希望我成為她的丈夫？」此時在睡眠裡接著出現了對於後者的可能性的排斥，「那真是太瘋狂了」。這麼說顯然是針對整個外顯的夢。

批判性的讀者此時有理由探究這則插曲的源頭，也就是以前沒有證實的、格

17 編按：小說裡沒有「它在這裡造就了這樣的藝術品」這句話。

拉底瓦開他玩笑的這則插曲。關於這點，我的《夢的解析》給了答案。如果夢裡出現嘲諷、輕蔑或激烈的矛盾，它們都是外顯的夢的荒誕形態透過夢裡的荒謬性而表現出來的。因此，荒謬性不是意味著心理活動的癱瘓，而是夢的運作的表現方法之一。作者一貫地在難解之處跳出來助我們一臂之力。這個荒誕的夢有另一段簡短的尾聲：一隻鳥愉悅地鳴叫，用鳥嘴叼走那隻蜥蜴。格拉底瓦消失之後，諾貝聽到又笑又叫的聲音。這聲音其實是柔伊的，她正在抖落那個冥界的角色的憂鬱。格拉底瓦其實是以這種叫聲在嘲笑他。然而，那隻鳥叼走蜥蜴的夢境，讓我們回想起前一個夢裡的另一個情景：觀景樓的阿波羅抱走了朱庇特神殿的維納斯。

也許很多讀者都會認為，以示愛的想法來解析捕捉蜥蜴的情景境是不夠正確的。這裡還有個佐證，也許可見於以下的暗示：柔伊在和她的同事的談話中，說自己確定在龐貝這裡「挖掘到」一件有趣的東西，她承認了有關自己的一件事，也就是諾貝關於她的想像。她就這樣鑽進了考古學的一連串聯想中，就像諾貝以其捕捉蜥蜴的寓言鑽進動物學的一連串聯想一樣，他們似乎彼此對立，兩人都想要表現出對方的特性。

如此，我們已經完成對於第二個夢的解析。這兩個夢我們都能了解，因為我們預設了做夢的人潛意識的念頭知道自己在意識裡忘記的一切，他已經在潛意識的念頭裡正確判斷了他在意識狀態中因為幻覺而誤解的一切。就這點而言，我們當然不得不提出讀者不明所以的許多斷言，因為他們對這些斷言很陌生，也許也往往會懷疑我們把自己的意思當作是作者的意思。我們會盡力排除這種疑慮，因此會樂於更詳盡地考慮最困難的一點，我是指例如在「格拉底瓦坐在陽光下的什麼地方」裡的歧義語詞。

《格拉底瓦》的每個讀者想必對一件事印象很深刻，那就是，作者屢屢把雙關語塞到兩位主角的嘴裡。諾貝所說的話都是意思明確的，可是格拉底瓦卻總是會聽到弦外之音。於是，在格拉底瓦的第一次回答之後，他大聲說：「我知道這就是妳的聲音。」而一頭霧水的柔伊問他說，這怎麼可能，因為他以前沒有聽過她說話。在第二次談話中，這個女孩有一會兒對他的幻覺感到困惑，因為他對她說，他一下子就認出她了。她一定是以為他的意思是他在潛意識裡承認了他們的童年友誼。他則不知道自己的話裡有這個意思，只以那個左右著他的幻覺來對她解釋。女孩的心思冰雪聰明，而和幻覺剛好相反，只是作者故意讓她的話語有雙重意義。其中一個意義是迎合諾貝的幻覺，是為了讓她明白他在意識層面上的認知，而另一個意思則超越幻覺，且一般而言，我們會把它轉譯成幻覺所代表的潛意識真相。有辦法在措詞當中表現幻覺和真實，這是機智的效果。

柔伊的話語裡充滿了歧義性，她對那位女性友人說明情況，又不讓這位友人干擾她的交往；她其實是脫稿演出，是為了我們讀者而不是她那幸福洋溢的同事。在和諾貝的談話中，有個事實可以證明這個歧義性：柔伊使用一個象徵，而我們看到這個象徵在諾貝的第一個夢裡就出現過，也就是把潛抑等同於毀滅、把龐貝城等同於童年。如此，她一方面在話語裡繼續扮演諾貝要她扮演的角色，另一方面又觸及真正的關係，在他的潛意識裡喚醒對於這個關係的認知。

「我早就習慣於死亡。」（頁177）「對我而言，你送我的遺忘之花才是對的。」（頁177）這些話語隱隱然有責備的意味，而在她把他比喻為始祖鳥的說教裡，則是把他狠狠修理了一頓。「一個人必須死了才能復活。對於考古學家而言，這當然是必要的。」（頁207）她在解決了幻覺問題之後又繼續說下去，好像要讓我們明白她的雙關語。然而，最美麗的象徵卻出現在以下這個問題之中：「我覺得好像我們在兩千年前就曾經一起吃麵包。你不記得嗎？」（頁193）這句話清楚顯示要以歷史上的「古代」取代「童年」，也透露出她努力要喚醒他對童年的記憶。

《格拉底瓦》裡怎麼會這麼偏愛歧義語詞呢？我們認為這並不是偶然的，而是基於故事鋪陳的必要。這等於是對症狀的雙重決定（zweifache Determinierung）：語詞本身就是症狀，它源自「意識」和「潛意識」之間的妥協。我們在語詞比在行為中更容易注意到這種雙重來源。談話素材具有可塑性，所以藉由措詞可以達到語詞的兩種意圖，於是出現我們所謂的「歧義性」。

在對一種幻覺或類似疾病進行心理治療時，我們往往可以在病人身上看到這種歧義性的語詞，認為那是暫時的新症狀，我們甚至能夠使用這種歧義語詞，透過病人有意識呈現的意思，了解它在潛意識裡的真正意思。我從經驗中知道，在沒有專門知識的人當中，這種「歧義性」的角色時常造成很大的困擾，引起嚴重的誤解，但是我們這位作者無論如何在他的作品中正確表現了夢和幻覺的形成過程的這種特點。

四

柔伊以醫生的角色，喚醒我們一種新的興趣。我們很想知道，她對於諾貝的治療是否合理，或者是否可能。還有，本書作者是否正確觀察到幻象消失的種種條件，一如他對於幻象生成的觀察。

無疑的，有人不認為本書作者描述的個案具有這種原理性的旨趣，也不認為有什麼需要加以說明的難題。我們可以斷言，就諾貝而言，只剩下「再度解決他的幻覺」這件事。幻覺的對象（格拉底瓦）告訴他說，他所有的認定都是錯誤的，並以最自然的方式說明所有讓他困惑的事，例如，她是怎麼知道他的名字的。接著他的幻覺就會解決，事情就會以邏輯的方式處理。然而，由於女孩已經坦承自己的愛意，本書作者為了滿足女性讀者，一定會讓本來就有趣的故事以皆大歡喜的方式結束，讓兩人終成眷屬。其實，如果結局不同，那會比較邏輯一致，也比較可能，那就是讓這位年輕考古學家解釋自己的錯誤並且表示禮貌的感謝，然後就離開了年輕女子，拒絕她的愛情，指出作品的一個重要主題，**那就是他對銅雕或石雕的古代女人或其原型情有獨鍾，卻不喜歡眼前這個有血有肉的女**

孩子。我們這位作者是以最隨興的方式把考古學的幻想曲變成了愛情故事。

我們反對這種想法，認為那是不可能的，我們首先注意到一個事實：我們不認為諾貝．哈諾的轉變只是因為他放棄幻覺而已。其實，在幻覺破滅之前，他自己也明確感受到對於愛情的渴望，這當然會促使他向這位讓他擺脫幻覺的女孩求愛。我們已經指出，自從潛抑的欲望醞釀了第一個夢境之後，他透過種種托詞和掩飾，以幻覺表現了對於她的身體性質的好奇，也流露了嫉妒以及男性的野蠻占有欲。現在讓我們加上其他佐證。在和格拉底瓦的第二次交談之後的那個晚上，他第一次覺得和一個活生生的女人很投緣，雖然他仍然厭惡度蜜月的旅客，因為他還不知道這個很投緣的女孩剛剛結婚。然而，在第二天上午，他無意間目睹這個女孩和她所謂的哥哥在卿卿我我，於是赧然迴避，好像打擾了聖禮似的。他忘記了自己對「奧古斯都」和「格萊特」的輕蔑，而恢復了對於愛情的尊敬。

如此，本書作者把「幻覺的解決」和「愛情的渴望的突現」緊密結合在一起，鋪陳了求愛的必然結果。他比批評家更了解幻覺的性質。他知道愛欲的元素和幻覺的形成當中抗拒元素密不可分，他更讓進行治療工作的女子在諾貝的幻覺裡發現了和她有關的部分，因為明白了這點，她才決定要治好他；只有確定自己是他的心上人，她才會對他表白愛意。這種治療在於：讓那被他囚禁在心裡的潛抑記憶，從外在世界回到他心裡。如果治療者沒有考慮到感情成分，那就不會有效，而對幻覺的解析最後就不會是：「看啊！所有這一切只意味著妳愛我而已。」

本書作者描述柔伊為了治療年輕時的朋友的幻覺而採用的方法，基本上和布留爾博士和我在一八九五年引進醫學的治療方法相當類似，不，**應該說是完全吻合**。我後來也致力於這種方法的臻至完美。布留爾先是稱呼這種治療方法為「滌清的」（kathartische）治療法，而我則喜歡稱之為「分析」（analytische）治療法。這種治療法在於：把因為潛抑而致病的那種潛意識，以強制的方式讓和諾貝一樣有幻覺的病人意識到，正如格拉底瓦喚醒兩人對於童年關係的潛抑記憶。說真的，格拉底瓦要完成這種工作比醫生容易。就各種觀點來看，她都可以說是理想的人選。如果醫生既沒有事先透視病人，對於病人的潛意識記憶也沒有任何意識層次上的記憶，那麼，他就必須藉助於複雜的技巧以克服種種不利的情況。他必須從病人在意識層次上的念頭和陳述裡很確定地推論出病人心裡的潛抑部分。這個工作很類似諾貝・哈諾在故事結束時把「格拉底瓦」回推到「伯特根」。由於幻覺被追溯到它的源頭，它就會消失；分析同時會帶來治療。

然而，格拉底瓦採用的方法以及心理治療的分析方法之間的相似性，卻不只限於這兩點，即讓潛抑的部分成為意識，以及解釋和治療的同步進行。這兩者的相似性延伸到整個轉變的基本部分，即感情的喚醒。在科學上，我們通常會把類似於諾貝的幻覺病態稱為精神官能症（Psychoneurose）。它的預設是部分感情生活的潛抑，大膽地說，是性衝動的潛抑。每次試圖把潛意識和潛抑的病因引進意識狀態時，本能衝動的元素就必然會再度引起和潛抑它的力量之間的對抗，最後的自我調適則經常是以激烈的反作用現象收尾。療癒的程序在於愛的復發（Liebesrezidiv），只要我們把性衝動的所有元素都歸結為「愛」。這種復發（Rediziv）是不可疏忽的，因為我們要治療的症狀，其實只是先前「潛抑」和「再現」的對抗的沉澱物，只能透過激情的新高潮去解決和清除。每種心理分析的治療都是企圖解放潛抑的愛，因為潛抑的愛在症狀中形成拙劣的妥協出口。是的，如果我們再補充說，在分析性的心理治療裡，再度被喚醒的熱情（無論愛或恨）每次都會選擇醫生本人為其對象，這和本書作者在《格拉底瓦》中描述的治療過程如出一轍。

當然了，是有些差別才使得格拉底瓦的個案成為理想的個案，那是醫生的技巧所無法做到的。格拉底瓦能夠回應那種正從潛意識闖入意識的愛意，醫生則做不到。格拉底瓦自己就是以前被潛抑的愛意的對象；她自己立刻成為解放了的情愛衝動的欲求對象。醫生是個陌生人，在治療之後必須再度成為陌生人。他往往不知道怎麼勸告病人在生活裡應用重拾的愛的能力。如果建議醫生使用某些解決之道和權宜之計，才能成功運用作者所描述的愛的治療模式，那會偏離我們現在的工作。

無論如何，現在要面對我們幾次逃避回答的問題了。關於「潛抑」、「幻覺及相關疾病的形成」、「夢的形成和破滅」、「情欲的角色」以及「這些疾病的治療方法」，我們的觀點在科學上當然還沒有一致的共識，更不是什麼普及的常識。本書作者有一種洞見，他能夠創造出他的「幻想曲」，讓我們能夠分析它，像是分析真正的個案。如果這種洞見的基礎是上述的知識，那麼我們會很想要發現其源頭。我在開始時就說明，有些人對於《格拉底瓦》的夢及其可能的解析感到興趣；他們直接向作者威廉．煙森問到這個問題：他是否知道任何類似的科學理論？一如預期，他的回答是否定的，而且是不假思索地說。作者以其想像力創造出《格拉底瓦》裡的格拉底瓦，而作者也自其中獲得了樂趣。不喜歡格拉底瓦的人可以不去理會她。作者沒有想要格拉底瓦取悅讀者。

本書的作者所否認的事情很不可能如此而已。也許他會否認說，他並不知道我們指出他遵照的那些法則，也不會承認我們在他的作品中看出來的意圖。我認為這並非不可能。那麼，無論如何，只有兩個可能性存在。我們可能真的以誇張的方式做了解析，把作者不知道的傾向附會在一部無心插柳的藝術作品上，如此再度顯示，要發現我們尋覓和沉迷的東西有多麼容易，而關於這種可能性，文學史上有種種光怪陸離的案例。每位讀者可以現在就決定是否喜歡這種解釋；可是我們還是堅持另一個普遍的觀點。我們認為，本書作者不必知道這些法則和意圖，所以他大可以否認這兩者，我們也認為，我們確實沒有在他的這部羅曼史裡找到什麼不屬於其中的東西。我們也許在引用同樣的資料來源和素材時，有各自不同的方法，而結果的一致似乎證明了一個事實：兩者都以正確的方式在運作。我們的程序包括有：有意識地觀察其他人的異常心理事件，以便發現和描述其法則。本書作者則以另一種方式進行；他著眼於自身心理的潛意識，窺探其演變的可能性，以藝術的方式加以描述，而不是以有意識的批評加以壓抑。如此，他從自己身上學到了我們從別人身上看到的事情，學到了這種潛意識的活動必須遵循的法則，但他不必描述這些法則，甚至不必對這些法則有清楚的認知。由於他的理智的寬容，這些法則就體現在他創造的人物中了。我們分析他的這部小說，在真正的個案中發現這些法則，如此揭露了這些法則，但是以下的結論似乎無法駁斥：兩者（本書作者以及身為醫生的我）可能都以同樣的方式誤解了潛意識，也可能都以正確的方式了解它。這個結論對我們而言是很珍貴的。為此，我們值得以臨床心理分析的方法去探究燕森的《格拉底瓦》裡有關幻覺的形成和治療以及夢境的描述。

我們已經到了尾聲。敏銳的讀者可能會提醒我們：我們在開始時說過夢是願望的實現，但我們仍然欠缺這方面的證明。嗯，我們的回答是，我們的論辯可以清楚顯示出以下這種說法：如果我們想以「夢是願望的實現」這個準則去涵蓋對於夢的所有解釋，那是很不公正的。但是，這個說法還是成立的，也很容易為《格拉底瓦》裡的夢提出證明。隱藏的夢思（我們現在知道它的意思了）可能有很多種，在《格拉底瓦》中，隱藏的夢思是「白天的殘餘」（Tagesreste），是清醒時的心理活動沒有聽過和處理過的念頭。如果要從這種夢思產生夢，則需要一個願望（通常是潛意識的願望）來配合。這樣就會構成夢的形成的驅動力；白天的殘餘會提供素材。在諾貝．哈諾的第一個夢中，有兩個願望同時存在而讓他產生了夢，其中一個願望是可以意識到的，另一個願望當然屬於潛意識，並且因為潛抑而起作用。這個願望是每個考古學家都可以理會的：想要成為西元七十九年那次災難的見證者。對於考古學家而言，以不是夢的方式實現這個願望，再怎麼大的犧牲都可以！另一個願望以及形成夢的因素，則具情欲性質，我們大抵上可以說，當諾貝的心上人躺下來睡覺時，他希望自己也在場。這個願望被拒絕了，所以這個夢成為夢魘。第二個夢涉及的驅力願望也許比較不明顯，但是如果我們回想對於這個夢的解析，就會毫不猶疑地說它也具有情欲成分。男人希望被心上人擄獲並且臣服於她，可以由捕捉蜥蜴背後的意義加以解釋。這種希望確實有一種被動的、受虐狂（masochistisch）的特性。第二天，做夢者用手拍打了他的心上人，好像臣服於對立的情欲衝動。但我們必須就此打住，否則可能會忘記，諾貝和格拉底瓦其實只是作者創造出來的人物而已。

第二部

格拉底瓦：龐貝城的幻想曲

威廉・燕森

一

在造訪羅馬一家收藏豐富的古董店時，諾貝．哈諾（Norbert Hanold）邂逅了一件浮雕作品，一時為之傾倒。回到德國以後，他無意間獲得那件作品的石膏模型，不禁喜出望外。他把模型掛在原本四面都是書架的工作室裡的牆上好幾年，那個位置得天獨厚，不管是恰如其分的光影投射，或者是偶爾短暫的夕陽餘暉。這件浮雕大概有真人的三分之一大，描摹一個女子在行走當中被捕捉到的全身姿態，她看起來很年輕，雖然不再是個女孩了；另一方面，她顯然也算不上是婦女，而是二十歲出頭的羅馬處女。她不會讓人想起現在到處可見的維納斯、戴安娜或其他奧林帕斯女神的浮雕，也不像是任何賽姬（Psyche）或寧芙（Numphe）。在她的身上體現了凡人的成分，這倒不是貶義，而且她大抵上相當有現代感。此外彷彿製作她的藝術家並沒有像現在的人們那樣，用鉛筆在紙上描繪她，而是在她走過街上時，立刻把她的姿態描摹在陶土版上。

她的身材高挑苗條，一條皺巴巴的頭巾把她柔軟而飄逸的秀髮差不多整個挽起來；她瘦削的臉孔一點也沒有讓人目眩神迷的感覺。可是藝術家顯然也沒有想要在她身上製造這種效果；精緻的五官意味著她對周遭事物相當泰然自若而無動於衷，眼睛靜靜凝視著前方，顯示出毫髮未傷的視力以及安靜內斂的思緒。所以說，這個年輕女子讓人魂牽夢縈，並不是因為塑像的優美形態，而是因為擁有古老雕刻裡罕見的元素，那是一種自然的、純樸的少女的優雅，讓人覺得浮雕被灌注了生命。主要的原因還是塑像所描繪的動作。她的頭微微前傾，左手輕輕提起從頸間到腳踝、輕裾翩翩的長袍，使秀麗的腳踝若隱若現。她的左腳在前，即將跟著往前伸的右腳則只是趾尖輕觸地面，腳底和腳跟幾乎垂直。如此的動作喚起人們既靈巧而又自信沉著的雙重感覺。她既像是飄飄忽翱翔天際，卻又堅定地踏穩腳步，使得她的形態顯得特別丰采綽約。

她是在什麼地方踽踽獨行，又要往哪裡去呢？諾貝・哈諾博士是位考古學講解員，就他的科學而言，他其實沒有在浮雕裡發現什麼值得研究的東西。這件浮雕不是什麼古代偉大的雕塑藝術，基本上只是羅馬風格的作品。但是他說不上來是什麼特性讓他的目光流連。他只知道他被吸引了，而那個第一印象從此就沒有改變過。為了替這件雕刻作品取個名字，他就稱它為「格拉底瓦」（Gradiva），意思是「步態美妙的女孩」。古代詩人只用這個形容詞作為格拉底烏斯（Mars

Gradivus）的別名，他是出征的戰神。然而，諾貝卻認為用它形容這個年輕女孩的舉手投足恰到好處。以現代的措詞而言，她應該是個年輕女士了，因為她顯然不屬於下層階級，而是貴族的女兒，或者無論如何也是出身高尚的家庭。也許吧——她的外表讓他不禁產生一種想法——她可能是來自統治階層的市政官家庭，負責女穀神刻瑞斯（Ceres）的祭祀，而她正要前往女神的神殿去辦事。

然而，把她放在羅馬這個喧囂的城市世界的架構裡，卻讓年輕考古家感覺格格不入。他認為，她那輕雲蔽月的閒適儀態，完全不屬於這個人情淡薄的複雜世界。她毋寧是屬於某個鄉野閭里，那裡的每個人都認識她，他們駐足觀望她的背影時，總是會對同伴說：「她是格拉底瓦。」——諾貝不知道她的真正名字——「她是某某人的閨女，她走路的姿態比我們城裡任何其他女孩都還要美。」

諾貝宛如親耳聽過這句話似的，這個想法深植在他心中，而另一個推測也幾乎變成了他的執念。他在這次義大利之旅中，在龐貝城待了幾個星期以研究當地的廢墟。回到德國後，他有一天忽然想到，浮雕上描繪的那個女孩曾在那裡的什麼地方徘徊流連——就是在那些被挖掘出來的墊腳石上。

這些墊腳石可以讓人在雨天穿越街道時不會弄濕腳部，也是戰車行駛的衢道。他看到那個女孩一隻腳跨過墊腳石的空隙，而另一隻腳隨即跟上，同時諸多念頭紛至沓來，就在凝望著那女孩的片刻，他想像著她的周遭環境而且覺得歷歷在目。憑著對於古物的知識，他在腦中創造了一條長街的景色，兩側是櫛比鱗次的房子，其中有許多神殿和門廊。百工百業、攤位、作坊和酒肆映入眼簾；烘焙師父展示堆積如山的麵包；擺放在商店大理石櫃檯上的陶罐裡，盛有家用和廚房的生計所需。他看見街角坐著一個女人，販售一籃籃的蔬菜。這個女人剝掉了六顆大胡桃一半的殼，露出新鮮又完好的果肉以誘引顧客。無論眼睛轉到哪裡，都可以看到生動的色彩，漆著艷麗顏色的牆面，還有紅色和黃色柱頭的廊柱。所有的東西都反映著炫目的正午太陽。在遠處一個巍峨基座上，聳立著一座輝煌燦爛的雕像，在其上方更遙遠的地方，維蘇威火山隱約可見，藏在熱嵐的強烈震動中，它不像如今圓錐形和棕色的光禿禿模樣，而是到處都是溝痕和岩石的頂端覆蓋著一大片青翠草地。街上行人疏疏落落，他們尋找陰涼處，因為夏日正午燠熱的空氣癱瘓了熙熙攘攘的活動。格拉底瓦就走在那裡的墊腳石上，嚇走了一隻閃閃發亮的金綠色的蜥蜴。

就這樣，這種景象生動出現在諾貝．哈諾眼前，但是每日凝望著她的頭部，卻也在他腦海裡漸漸浮現另一種推測。他覺得，她的五官輪廓越來越不像羅馬人或拉丁民族，而更像是希臘人，所以他越來越覺得她的祖先應該是希臘人。在古代，整個義大利南部都是希臘人的殖民地，這就提供了足夠的佐證，他腦中也出現更多和殖民者有關的想法。這位年輕的「女士」（domina）在父母的家中也許是講希臘語，在希臘文化的薰陶中長大。經過進一步的觀察之後，他認為臉部的表情也確定了這點，因為儀表端莊的她心裡一定藏著什麼智慧以及若有似無的心思。

然而，這些猜測或發現卻無法建立起對於這件小小的浮雕的真正考古興趣，而諾貝也知道，讓他不斷回頭探究的是其他的原因，而且也是科學性的。他想知道這位藝術家是否重現了格拉底瓦在實際生活中的走路模樣。關於這點，他無法完全確定，而他在雕塑古董方面的豐富收藏，在這件事上也沒有多大的幫助。他覺得右腳幾乎垂直的姿勢似乎太誇張了一點。他自己做了各種實驗，確定自己不會這麼以這麼大角度的姿勢抬腳。如以數學表示，他在抬腳的瞬間僅僅和地面呈四十五度夾角，他認為，就走路的力學而言，這是很自然的，因為那是最實用也最自然的。有一次，他趁著一位年輕的解剖學家朋友在場的機會提出這個問題，但是這位朋友也說不上來，因為他並沒有做過類似的觀察。他認定他朋友的經驗符合他自己的經驗，卻無法肯定女人的走路模樣是否不同於男人，於是這個問題仍舊懸而未解。

儘管如此，他們的討論也不是徒勞無功的，因為那個朋友提到了自己以前從來沒有想到的事，那就是：要實際去觀察生活，問題才能湛然分明。是的，他不得不採取一種自己完全陌生的行為模式。以前，女人只是由大理石或黃銅構成的一種概念，他不曾正眼瞧過身邊的任何女人。但現在他的求知欲讓他燃起一股科學研究的熱情，一頭栽進他認為必要的特殊探索之中。但是在大城市的人群中，他遭遇到很多困難，使他只能在人煙稀少的街道做研究。然而，就算在行人寥若晨星的街上，女人也都穿著長裙，因而看不清楚她們走路的樣子。幾乎只有女僕穿短裙，但除了少數例外，她們都穿厚重的鞋子，因而依舊找不到問題的答案。儘管如此，他還是鍥而不捨地探究，不管晴天或雨天。他注意到雨天的觀察成果最豐碩，因為女人在雨天會撩起裙子。很多女人難免會注意到他以探究的眼神瞅著她們的雙腳。有時候女人們會露出不悅的表情，以為他是個厚顏無恥或沒教養的好色之徒。有時候則情況相反，由於他是個氣宇軒昂的年輕人，她們的眼睛會流露出鼓勵的神色。然而這兩種情況都無助於他的研究。漸漸的，鍥而不捨的他累積了相當多的樣本，讓他注意到許多差異。有的女人走路慢條斯禮，有的行色匆匆，有的步履蹣跚，有的則腳步輕快。很多女人走路趿著鞋子；少數女人會斜斜地抬起腳底，一副瀟脫不羈的姿態。然而，在所有女人當中，卻沒有任何人像格拉底瓦那樣子走路。他感到很滿意：他對於這件浮雕的考古學判斷畢竟沒有錯。然而，另一方面，他的觀察卻讓自己很困惱，因為他一直覺得那隻懸空的腳呈現的垂直角度美極了，但是這種姿態其實是雕塑家憑空恣意想像出來的，並不吻合現實情況，因而讓他感到悵然若失。

他對行人的探究讓他有了這些認識，不久，有個夜晚他做了個可怕的惡夢。他夢見自己置身於龐貝城，時間是西元七十九年八月二十四日，這天正是維蘇威火山爆發的日期。神讓這個不幸的城市籠罩在漫天黑煙中；只有火山口團團搖晃著的零星火燄，可以讓人從間隙辨識到是什麼東西深陷在血紅的強光裡。所有居民，無論是個人或慌亂的群體，莫不張皇失措，四處奔跑尋找安全的地方。小石子和如大雨般落下的灰燼，也打在諾貝身上，但是在神奇的夢境中，他並沒有受傷。他也嗅到空氣中致命的硫磺煙，不過總算還可以呼吸。他站在朱庇特神殿的廣場外圍，倏地看到了格拉底瓦，就在前面不遠的地方。以前，他根本不會想到她可能會在那裡出現，但是現在他卻想當然爾地認為她就是龐貝城的女孩，那是她出生的城市，他卻沒有想到她居然和他身處同一個時代。他第一眼就認出她。石雕中的她的每個細節在她身上都歷歷在目，包括她的步態。他不由自主地用「從容不迫」（lente festinans）[18]形容它。就這樣，她以不知名的愉快、沉著以及對於周遭事物的淡漠神情，行經廣場的石板，要到阿波羅神殿。她似乎毫不在意即將降臨這個城市的命運，只是沉浸在自己的思緒中，使得諾貝有好一會兒居然也忘記了這件可怕的事。他意識到活生生的現實不久就會從他眼前再度消失，於是努力把種種情景準確地銘刻在心中。然而，他卻忽然想到，如果這個女孩不趕緊脫身的話，一定會喪命在鋪天蓋地的毀滅中。於是，強烈的恐懼迫使他對她叫喊警告。她顯然也聽到了，因為她回眸望著他。他在俄頃之間看到了她的整個臉孔，但是她的臉上露出一副不明所以的神情。然而她並沒有多看他一眼，兀自朝著原來的方向走去。同時，她的臉孔變得比較蒼白，好像正要變成白色的大理

18　譯註：「慢慢來比較快」、「欲速則不達」的意思。

石。她走上神殿的門廊，坐在兩根柱子之間的階梯上，慢慢把頭倚在階梯上。此時，石礫如傾盆大雨般掉落，眼前一片伸手不見五指的情景。他匆忙走到她身後時，卻是來到剛才她自眼前消失的地方。她躺在那裡，頭上有突出的飛簷保護著她，在寬敞的階梯上舒展身體，彷彿要睡著了，卻不再有呼吸，顯然因為硫磺煙而窒息。維蘇威火山的紅色強光在她的臉容上搖曳不定。她緊閉著雙眼的臉就像一座明豔不可方物的雕像，看不出來有明顯的恐懼和扭曲的神色，只見五官中透露一種鎮靜認命的奇特沉著神情。然而五官很快就變得不清楚，因為陣風把如大雨般落下的灰燼吹到那個地方，覆蓋在她的五官上，先是像灰色面紗，然後就遮蔽了她臉上最後一個角落，不久就像北方的冬雪一樣，把整個形體埋葬在一張平滑的被蓋下面。阿波羅神殿的廊柱原本聳立在外部，然而現在只剩下一半，因為灰燼同樣把柱子埋在塵土裡。

諾貝．哈諾從夢中醒來時，仍然聽到正在尋找安全地方的龐貝城民的慌亂叫聲，以及狂暴的海浪沉悶迴響著的轟鳴。他漸漸恢復意識。陽光在床上灑下金色的光芒。那是一個四月的早晨，外面傳來城市各種不同的噪音、小販的叫賣聲以及車輛的隆隆聲。夢中景象的每個細節仍然在他睜開的眼前歷歷如繪，他好一陣子才排除某種感覺，因為他一直感覺到，幾乎兩千年前的那個夜晚，他確實置身在那不勒斯灣那個毀滅景象的現場中。他在穿衣服的時候，才逐漸擺脫這種感覺，但就算以批判性的思考，他仍然無法擺脫以下的想法：格拉底瓦曾住在龐貝，並在西元七十九年被埋葬在那裡。毋寧說，第一個推測現在對他而言已經成為明確的事實，而現在他更加上第二種推測。他滿懷悲傷望著起居室裡的那件古老浮雕，對他而言，它現在有了新的意義。就某一方面而言，它是一座墓碑，雕刻它的藝術家藉由它而為後代保存了一個年華早逝的女孩的形象。然而，如果一個人敞開心胸望著她，她的整個生命無疑透露了在那個致命的夜晚，她確實躺下來，死去了，而且臉上的神情如同夢境中的那麼淡定。有一則古老的格言說，諸神的寵兒是在花樣年華裡從土地裡被挖掘出來的。

諾貝穿上家居晨服，衣領還沒有裹緊脖子，就趿著拖鞋，憑窗眺望著外面的景象。春天終於也降臨北方，但是只以藍天以及柔和的空氣現身在城市的大採石場中；不過，感官卻隱約知道春天的臨到，在陽光燦爛的遙遠地方喚醒了對於綠葉、芬芳空氣和鳥鳴的欲望。春天的氣息傳到了這麼遠的地方。街上那些上市場的女人在籃子上妝點了嬌艷欲滴的野花，而在開著的窗子旁，鳥籠中的金絲雀正嗚囀著。諾貝為這隻可憐的小鳥感到難過，因為儘管歌聲愉悅，卻在清晰的曲調中透露出對於自由和野外的渴望。

然而，他這位年輕考古學家的思緒只在這件事上磨蹭了一會，因為另一件事早已占滿他的思緒。直到此時，他才意識到，他在那場夢中並沒有確實注意活生生的格拉底瓦走路的模樣是否真的如同浮雕上描繪的，不過無論如何都不像現在的女人走路的樣子。這實在是很奇怪的事，因為他就是因為這點才對於這件浮雕產生科學方面的興趣；另一方面而言，他之所以沒有注意到她的步態，那是因為她有生命危險而讓他激動莫名。無論如何，他努力要回憶她的步態，卻怎麼也想不起來。

然後，他心裡驀地掠過一種悸動的感覺，一時間說不上來是源自何處。可是不多久他就醒覺了。在街上，一個背對著他的女人，從身材和衣著來看，無疑是個年輕女子，她正以自在又敏捷的步伐走著。她用左手把低垂到腳踝的衣服輕輕攬起來。他看到她走路的姿態，纖細的後腳在跟上前腳時踮起趾尖，腳底垂直停頓了一會兒。看起來是如此，但是由於距離加上俯視的角度，所以他並不是很確定。

諾貝・哈諾趕緊跑到街上，還不知道自己是如何衝出去的。就像一個男孩滑下欄杆，他宛如閃電一般飛奔下樓，穿梭在馬車、人力車和人群當中。人們對他投以奇怪的眼光，有人大聲譃笑，透露嘲諷的意味。他沒有意識到那是在嘲弄他；他的眼光在追尋那個年輕女人，自認為分辨得出在他前面幾十步的那個女子的穿著，但是其實只看到上半身，至於下半身和她的腳，則都被人行道擁擠的人群遮住了。

這時，有個賣菜的肥胖老婦人伸手拉他的袖子攔住他，笑說：「喂，媽媽的寶貝兒子，你也許昨夜喝太多了；你是在街上找你的床嗎？你最好還是回家照照鏡子吧。」

近處爆出一陣笑聲，證明他確實是穿著一件不適合公共場合的衣服在逛大街。這時他才明白自己莽莽撞撞地從屋子裡衝到街上來。他感到很詫異，因為他是個堅持衣著傳統的人。於是他打消念頭趕緊回家去。然而，他心裡依然為了那個夢而魂不守舍，因為種種幻象而感到恍恍惚惚。他意識到，那個年輕女子在聽到笑聲和叫聲時，曾經轉過頭來。他認為他看到的不是陌生人的臉孔，而是格拉底瓦在俯視著他。

二

諾貝．哈諾博士家境富裕，可以隨心所欲地有所為而且有所不為，就算有什麼嗜好，也不必經過什麼上級的批准，自己決定就行了。所以說，他比金絲雀幸運多了，因為金絲雀想在陽光普照的野外展翅高飛，卻只能在籠子裡歌唱而徒呼負負。然而，除此之外，這位年輕的考古學家卻在許多方面都很像金絲雀。他並不是自然而自由地出生和成長在這個世界中，而是一出生就被家庭傳統用教育和宿命設下柵欄。自童年起，父母親就對他耳提面命說，身為一位大學教授兼古董學家的獨子，他不可以辱沒了父親的名聲。所以，他一直認為自己必須克紹箕裘，繼承父親的事業。即使父母的早逝使得他孑然一生，他仍然忠實地堅持父志。在以優越的成績通過語言學考試後，他按照規定到義大利遊學，見識到許多古老藝術作品的原作，以前的他只能接觸到它們的仿作。沒有任何地方擁有像翡冷翠、羅馬、那不勒斯的收藏品那麼具有教育性。他自己就是個見證，他在羈旅期間著實眼界大開。他心滿意足地回國，以習得的新知識專心從事科學研究。而且他隱隱覺得，除了那些遙遠過去的東西之外，還有一種「當下」存在於他的四周。他並不覺得大理石和青銅是死的東西，正好相反，它們是唯一真正具有生命的東西，體現了人類生命的目標和價值。所以，他蝸居於環堵、書本和畫作之間，息交絕游，認為任何社交活動都是浪費時間的空虛行為，只會偶爾勉強參加推不掉的派對，成員都是些父母親的親朋好友。然而大家都知道，在這種聚會的場合中，他雖然在場，卻對於周遭事物視而不見，聽而不聞。只要可能的話，他總是在午餐或晚餐結束時藉口離開；在街上也不和與他同桌吃飯的人打招呼。這對他很不利，尤其在年輕的女人方面更是如此。就算是以前例外地交談過的女孩，他也不會打招呼，好像是看到素未謀面的陌生人。雖然考古學本身可能是個荒誕不經的科學，雖然考古學和諾貝．哈諾意外地投緣，外人卻是興趣缺缺，一般年輕人都會覺得研究考古學的人簡直是生無可戀。不過，大自然或許是心存慈悲，不知不覺地在他的血液裡注入一種完全不科學的矯正劑，那就是一種活活潑潑的想像力，不僅在夢中，也時常出現在清醒的時刻，使得他的腦袋無法適應一板一眼的研究方法。然而，這種天賦卻讓他和金絲雀之間產生了另一種相似性。金絲雀一生下就受到束縛，除了那個把牠禁錮在狹窄空間的鳥籠之外，牠不知道外界有什麼其他東西，內心卻感覺到缺少了什麼，只能從喉嚨發出對於未知事物的欲求聲音。諾貝．哈諾很了解牠，不覺心生同病相憐之情。他回到自己的房間，再度凭窗佇立，一種感覺襲上心頭，他自覺也缺少一種無以名之的東西。即使枯坐冥想也沒有用；不知名的思緒起伏或許是來自溫和春日的空氣、陽光，以及吐露芬芳的大地，和身處鳥籠中的他形成強烈的對比。然而，他心裡立刻又生起一個念頭，因而稍感快慰：他的處境比金絲雀好多了，因為他擁有一雙翅膀，沒有任何力量可以阻止他隨心所欲飛地展翅飛到外面開闊的世界。

但是這種念頭終歸只是他的胡思亂想。諾貝沉吟了片刻，不久就想到一個春旅的計劃。他當天就付諸實行，整理好輕便的行囊，準備搭夜車往南方走，趁著夜色降臨之前，依依不捨地端詳了格拉底瓦一會兒。格拉底瓦沉浸在落日餘暉當中，似乎更加愉快地踩著腳下隱形的墊腳石。縱使旅行的衝動只是一時興起，然而他在思忖過後，卻理所當然地認為這種衝動想必有助於他的科學研究。他想到自己在羅馬考察雕塑作品的時候忽略了若干重要的考古學問題，他途中沒有停留，就踏上一天半的火車旅程。

三

年輕、富裕而獨立，而且在春天時節從德國旅行到義大利，這種美不勝收的經驗不是很多人都會有的，就算擁有這三種條件的人也不一定可以領略到這種美。特別是那些剛結婚幾天或幾星期的新婚夫妻（啊呀，這種人居多數），他們眼裡沒有任何難以言喻的陶醉之情，而帶回家的戰利品，也只是一成不變的發現、感覺和享受。在春天，成雙成對的人們都會湧向亞平寧山山口，和鳥兒遷徙的方向正好相反。在整個旅程中，諾貝好像置身在滾動的鴿舍中，四周圍繞著卿卿我我的伴侶，他生平第一次被迫更加仔細地以耳朵和眼睛觀察他的同胞。雖然根據他們的言談可以判定他們是德國鄉下人，但是他和他們的種族認同並沒有讓他覺得自豪，反而覺得最好不要打擾林納的分類學下所謂的「人類」，或許才是明智之舉。特別是另一半女性人種；他也是生平第一次近距離看到人們因求偶的衝動而形影不離，卻不明白他們彼此的目的何在。他一直不了解女人為什麼會選擇這些男人，更不明白為什麼都是女人在選擇男人。每當他抬頭張望，眼光都會落在其中一個女人臉上，卻看不到任何娉婷綽約、聰明或溫婉的女人。沒錯，他沒有任何衡量的標準，因為一個人當然無法拿現代女人和古代藝術作品裡優雅的美女做比較，但是他深深認為，這種不公平的比較不能怪罪於他，而是因為所有人的表情中都欠缺了生活裡應該有的表現。他對於人類的這種奇怪衝動沉思了好幾個小時才得到結論：在人類所有的愚蠢當中，婚姻無論如何都居於首位，那是無以復加而令人不解的愚蠢；而且，跑到義大利蜜月旅行的這種蠢事，則是所有愚行之最。

然而，他又想到自己出門時關在鳥籠裡的那隻金絲雀。其實他自己不也身陷樊籠，被年輕新婚夫妻的臉孔團團包圍，他們的神情陶醉卻空洞平庸，他只能偶爾望著窗戶，眼神茫茫然飄到窗外去。這或許可以說明窗外那些浮光掠影的事物為什麼完全不同於幾年前的印象。橄欖樹樹葉的銀色閃光更加炫目；到處可見聳入天際的柏樹和松樹，襯托著更美麗而清楚的輪廓；山巔看起來更加迷人，好像每個地方都是表情各異的個體，而特拉西美諾湖（Trasimeno）更是透顯出任何水面都不曾看過的柔軟藍色。他覺得鐵軌左右兩側簇擁著他完全陌生的大自然，彷彿他以前曾經在晨曦微光中或濛濛細雨裡行經這些地方，而現在則是第一次看到它們沐浴在金黃色的燦爛陽光裡。有幾次，他很訝異自己心中居然生起一種以前不曾有過的欲望，他想要下車走到某個地方，只因為那地方看似隱藏著什麼特別的或神祕的東西。然而，他並沒有讓這種不理性的衝動誤導他。特快車（Direttissimo）直接開到了羅馬。在進車站之前，這個古老的世界以及密內瓦（Minerva）神殿遺跡已經在歡迎他了。他終於脫離那擠滿了如膠似漆的情侶的鳥籠時，他先預訂了一家自己熟知的旅館房間，如此就可以好整以暇地找尋滿意的私人住處。

第二天，他還沒有找到合適的房子，晚上只好回到旅館。由於不習慣義大利的空氣，陽光熾烈，又走了太多路，加上街上很吵，他只能筋疲力盡地上床休息，沒多久意識就開始模糊，但是在熟睡之前，他卻又被驚醒，因為房間和隔壁有一道門相通，而房門只用一座衣櫥擋住。有兩個客人走進隔壁房間，是那天早晨住進去的。根據透著衣櫥傳來的聲音判斷，他們是一男一女，顯然是德國的春天候鳥，他昨天就和他們一起從翡冷翠來到這裡。基於他們說話的心情，他們似乎對於旅館的美食相當滿意。也許是由於他們手裡的羅馬城堡葡萄酒（castelli romani）品質很好，於是以北德語言清脆的聲音交換彼此的想法和感覺。

「我的唯一的奧古斯都。」

「我的甜美的格萊特。」

「現在我們又擁有彼此了。」

「是的，我們終於又單獨相處了。」

「我們明天還要參觀更多地方嗎？」

「早餐時我會查閱旅遊指南，看看還要做什麼事。」

「我的唯一的奧古斯都啊，我認為你比觀景樓上的阿波羅更讓我快樂。」

「我的甜美的格萊特啊，我時常在想，妳比朱庇特神殿上的維納斯美多了。」

「我們要爬的那座火山是在附近嗎？」

「不是，我想我們要再坐幾小時的火車到那裡。」

「如果我們爬到半山腰的時候，火山爆發，你要怎麼辦？」

「那麼我唯一的想法是救妳，我會把妳抱在懷中——像這樣子。」

「不要被別針刮到！」

「我想不到比為妳流血更美的事。」

「我的唯一奧古斯都。」

「我的甜美的格萊特。」

談話就此打住，諾貝聽到另一種不明確的椅子沙沙聲和移動聲，然後是一片沉寂。他又打起瞌睡。睡夢中，就在維蘇威火山再度爆發時，他回到了龐貝城。形形色色的逃難者吸引了他的注意力，他在其中看到觀景樓的阿波羅抱起朱庇特神殿的維納斯，把她安置在陰暗處的一件東西上。她似乎要由馬車或人力車載走，因為一陣嘎嘎聲傳到他耳中。這個年輕的考古學家並沒有為這個神話情景感到驚奇，但是他深深感到不尋常的是，這兩人用德語交談而不是希臘文，因為當他們驚魂甫定時，他聽到他們說道：

「我的甜美的格萊特。」

「我的唯一的奧古斯都。」

但是接著夢境完全變了調。完全的沉寂取代了混亂的聲音，濃煙的火光也不見了，只有明亮而炎熱的陽光灑在被埋葬的城市廢墟上。而這種景象也漸漸轉變，他看到一張床，白色床單上有一圈圈的金色陽光直逼他的眼睛。諾貝・哈諾在羅馬明亮的春天早晨裡醒過來。

然而，他內心也有什麼東西改變了。他猜不出為什麼，但就是有一種奇異的壓迫感再度占據他的內心，感覺自己被監禁在鳥籠中——這一次它叫作「羅馬」。他打開窗子，街上湧進許多小販的叫賣聲，聽起來比在德國家中更加刺耳。他只是從一個吵鬧的石坑來到另一個吵鬧的石坑。他對於古董生起一種無以名狀的恐懼，他害怕遇見觀景樓的阿波羅或朱庇特神殿的維納斯。這種恐懼把他嚇走了；經過短暫的考慮後，他打消尋找住處的念頭，匆匆打點行囊，坐上火車往南走。為了逃避那些如膠似漆的人，他選擇坐三等車廂，心想或許可以遇到什麼風趣而且對於他科學研究有幫助的義大利民眾，就像是古代藝術作品裡的那種人物。然而，眼前只是到處可見的髒亂，氣味可怕的莫諾普（Monopol）雪茄，手腿晃來晃去、身體歪歪斜斜又矮小的人，以及幾個婦女；相較於眼前的這些人，記憶裡兩兩成對的村姑簡直是奧林帕斯山上的女神。

四

兩天後，諾貝．哈諾住進龐貝城遺址種滿尤加利樹的入口附近、名叫「狄歐梅旅館」裡勉強稱為客房的空間。他原本是想要待在那不勒斯一段時間，再度仔細研究國家博物館（Museo Nazionale）的雕塑和壁畫，但是他在那裡的經驗和在羅馬沒什麼兩樣。在擺放龐貝城古董傢俱的展示廳裡，身邊擠滿了一大群穿著時髦休閒服裝的女人。那些服裝無疑整個取代了洋溢著處女光采的緞子、絲綢或蕾絲的新娘禮服。每個女人都抓著一個年輕或年老伴侶的手臂，他們身上同樣光鮮亮麗的服裝也完全合乎男人的時髦標準。以前諾貝對此一無所知，現在長了見識，所以一眼就認出來。每個男人都是奧古斯都，每個女孩都是格萊特。只是在這裡是以另一種形式呈現，也就是傳到耳裡的更加優雅、輕聲細語而且溫柔的對話。

「唉呀，你瞧瞧，這玩意兒可真是實用；我們也一定要有個像那樣的火鍋。」

「是啊，可是如果要我太太煮飯，那東西就必須是銀器。」

「你怎麼知道我煮的東西會讓你覺得好吃？」

這個問題伴隨著淘氣頑皮的眼光，而對方則是眼神堅定地以肯定的語氣回答說：「妳為我做的任何餐點一定都是美味佳餚。」

「不。那東西確實是針箍，那時候的人有縫衣針嗎？」

「似乎是如此，但是親愛的，妳不能用那東西去做任何事，對妳的拇指而言它是太大了。」

「你真的這樣認為嗎?你喜歡纖纖細手，不喜歡粗大的指頭嗎？」

「妳的指頭我不必看。就算伸手不見五指，我一摸就知道了，它和世界上所有其他指頭都不一樣。」

「這的確很有意思。我們還是得去龐貝嗎？」

「不必了，那裡沒有什麼好看的，只有古老的石頭和垃圾。旅遊指南說，所有珍貴的東西都被搬來這裡了。那裡的太陽對妳細嫩的皮膚恐怕太炎熱了，我永遠不會原諒自己這樣做。」

「如果你忽然有了個黑皮膚的妻子，你會怎麼樣呢？」

「不會的，幸好我的想像力沒有那麼強，妳的小鼻子上只要一個雀斑就會讓我怏怏不樂。我想，有件事妳會喜歡，親愛的，我們明天去卡布里島。據說，那裡的一切都會讓人心曠神怡，而在『藍洞』裡的美妙微光中，我會第一次完全了解到我中了多麼大的幸福樂透。」

「你呀，如果讓別人聽到你的這番話，我真要挖個地洞藏起來了。但是，不管你帶我到哪裡，我都會很喜歡，不會有什麼差別，因為我有你跟我在一起。」

又是奧古斯都和格萊特，只是對眼睛耳朵而言，顯得更加地低沉而溫柔。諾貝．哈諾覺得好像有人在他全身上下倒了稀釋的蜂蜜，必須一口口不斷地吞下去。他感覺很噁心，於是跑出國家博物館，到最近的酒館喝了一杯苦艾酒。一種思緒一再浮上心頭：為什麼數以百倍計成雙成對的人湧入翡冷翠、羅馬、那不勒斯的博物館，卻不想造訪他們自己德國的種種名勝古蹟？然而許多閒談和輕言細語讓他認為，大部分男女並不想窩在龐貝城的廢墟裡，而覺得繞道到卡布里島比較好玩。因此，他也一時興起衝動，想要去做他們沒有做的事。無論如何，他有個機會脫離這一大群候鳥，去探索他在義大利這裡遍尋不著的東西。它們也是成雙成對的，卻不是夫妻或伴侶，而是一個家庭裡的兩個成員，它們也不會那麼卿卿我我。那就是寧靜和科學，兩個安靜的姊妹，每個人都可以在她們那裡找到愜意的棲所。他對於她們有著一種莫名的嚮往。他本來可以用「激情」形容這種衝動，只是這本身就是個矛盾。一小時後，他已經坐在一輛馬車中。馬車載著他穿過無止盡的拱廊和樹枝。就像穿過一條為了迎接古羅馬將軍而布置得奢華絢麗的街道，大街兩側的房子都大大敞開；就像黃色掛毯一般，在豔陽曝曬著豐盛的拿坡里麵食（pasta da Napoli）、當地著名的珍饈佳餚，或粗或細的通心粉、掛麵、義大利麵、麵卷，以及長麵條，而小菜館飄出來的油煙，還有塵雲、蒼蠅、跳蚤，在空中飛舞的魚鱗、煙囪的煙，以及其他白天和夜晚的種種活動，都為這些食物增添了熟悉的美味。然後是圓錐形的維蘇威火山在附近俯視人間，橫跨棕色的熔岩田野。右邊有閃閃發亮的藍色海灣延伸出去，彷彿是由液體的孔雀石和藍寶石構成的。小型馬車不停地飛奔，彷彿在狂風裡被捲起飛舞，每個時刻都是它的終點，它們行經希臘塔（Torre del Greco）的可怕鋪石路面，呼嘯穿過聖母領報塔（Torre dell' Annunziata），一直到瑞士旅館（Hôtel Suisse）和狄歐梅旅館（Hôtel Diomède）。兩間旅館靜默地竭力散發自身的魅力。馬車最後在狄歐梅旅館前面停下來。就像第一次來訪時一樣，這間旅館的古典名字再度決定了這個年輕考古學家的選擇。然而，比較現代化的瑞士風格競爭者，面對著門外的騷動，卻表現出沉著冷靜的模樣。這間旅館顯得很鎮定，因為它的古典風格鄰居彷彿是在鍋子中煮沸的水。而在那裡誘引顧客的古代風華，在被灰燼沉埋了兩千年之後，並沒有重新顯露光采，它裡面的東西也是如此。

就這樣，諾貝．哈諾沒有任何期待或意圖，在幾天之內，就從現代的德國跑到了龐貝，他注意到狄歐梅旅館並沒有太多客人，倒是到處都是常見的家蠅（musca domestica）。他按捺住火爆的脾氣，雖然心裡極為厭惡這種雙翅目動物。他認為牠們是大自然最邪惡的受造物；由於牠們的緣故，他比較喜歡冬天而討厭夏天，認為冬天是唯一適合人類生活的季節。他也認為牠們證明了理性的世界體系並不存在。現在，這些蒼蠅在這裡迎接他，比在德國被牠們折磨早了幾個月。牠們立刻在他四周成群衝上來，好像衝向牠們耐心等待著的獵物，在他眼前飛舞，在他耳中嗡嗡叫，糾纏著他的頭髮，搔著他的鼻子、額頭和雙手。這些蒼蠅讓他想到那些度蜜月的男女，也許也正在以牠們自身的語言彼此說，「我的唯一的奧古斯都」以及「我的甜美的格萊特」。不堪其擾的他心裡產生對於「蒼蠅拍」（scacciamosche）的渴望。那是一種做工細緻的蒼蠅拍，就像地下墓穴出土的文物，他在波隆那的伊特拉斯坎博物館裡見過。如此說來，在遠古時代，這種沒有用的動物同樣是人類的禍害，牠們比蠍子、毒蛇、老虎和鯊魚更加惡毒，更難以避免，因為其他生物只會加諸生理的傷害，扯裂或吞噬被牠們攻擊的對象，只要謹慎一點，就可以防範而自我保護。然而，人們對於一般的家蠅卻是束手無策，牠們會癱瘓、騷擾、最終瓦解人類的心靈生活，粉碎他們的思考和工作能力、跳脫世俗的想像力以及美好的感覺。對血的飢渴並不是牠們的動力，驅使牠們的只是意圖折磨人類的邪惡欲望。絕對的惡在「物自身」（Ding an sich）當中找到了它的化身。那種伊特拉斯坎的「蒼蠅拍」有木頭手把，上面緊纏著細長的皮條，證明蒼蠅毀了希臘悲劇作家艾斯奇勒斯（Aeschylos）心中最高貴的詩思[19]。牠們使得希臘雕刻家菲狄亞斯（Phidias，西元前四八〇∫四三〇）的鑿子出了無法彌補的差錯，包括宙斯的額頭、阿芙蘿狄特的胸脯，一直到奧林帕斯山所有男神和女神從頭到腳的部分。諾貝在內心深處感覺到，一個人的貢獻主要取決於他一生在大祭中殺死、刺穿、燒死或殲滅的蒼蠅數目，而為自遠古以來的所

19　編按：見 Aeschylos, Agamemnon：「我不敢像一隻膽怯的蒼蠅一樣，背叛艦隊，使大軍失望。」

有人類報仇。

可是他卻缺少必要的武器以成就這個壯舉。諾貝就像孤軍奮戰而束手無策的古代偉大戰士一樣離開了戰場，或者說是離開了他的房間，因為他的敵人數目有壓倒性的數百倍之多。走到外面時，他想到自己至少有了小規模的成就，明天他必須大舉征討。龐貝城也顯然沒辦法針對他的需求提供滿意的住所。除了這種想法之外，他也隱約覺得他的不滿不只是因為四周的環境，而是他自己的問題。他確實一直很厭惡蒼蠅，但是以前的他卻不會對蒼蠅這麼生氣。由於旅途的種種因素，他的神經無疑處於亢奮而容易生氣的狀態，而冬天時的屋內空氣和在家的工作過度，或許也是易怒的原因之一。他覺得自己很不對勁，因為他缺少了什麼東西，卻說不上來是什麼。他到每個地方都鬱鬱寡歡。當然，蒼蠅和成群的新婚男女，本來就不會讓人在任何地方都感到生活愜意。然而，如果他不想要套上厚厚一層自以為是的外衣，他就會知道，他其實和他們一樣漫無目的、愚蠢、又聾又瞎地在義大利四處旅行，只是遠遠比他們更無法享受快樂。他的旅伴「科學」就像古代特拉皮斯特修會（Trappistine）的修女一樣守著靜默。他不跟這位伴侶講話，它就不會開口，並且，他覺得自己幾乎忘記自己是以什麼語言跟它溝通。

這時候由「城門口」（Ingresso）進入龐貝城已經太晚了。諾貝記得以前找到過一條路可以在古老城牆上繞一圈，於是穿過樹叢和野生植物要找尋那條坡道。他向右走，在這個死寂無聲的墳墓城市裡走了一小段距離。這個城市看起來像奄奄一息的垃圾場，大部分都被陰影遮蔽，因為夕陽已經西下到第勒諾海（Mar Tirreno）的海面上了。不過，落日還是在山頂和田野映照出一抹魔幻的生命光輝，把聳立於維蘇威火山口上方冒煙的圓錐體染成了金色，為聖天使山（Monte Sant' Angelo）的山頂穿上了紫衣。艾波美奧山（Monte Epomeo）孤零零地在閃著金光的燦爛藍海上隱約可見，而「密塞努姆角」（Cap Misenum）更是聳立在光輝中，黝暗的輪廓宛如神祕的巨大建築。美不勝收的圖畫展現眼前，交織著崇高而優雅的氣息，結合了遙遠的過去和歡樂的當下。諾貝・哈諾原本想要在這裡找到心裡隱隱渴望的東西，這時候卻沒有那個心情了，即使荒蕪的城牆上沒有新婚夫婦和蒼蠅的騷擾。大自然無法供他的環境以及他自身所欠缺的東西。他以近乎事不關己的淡泊寧靜，環顧無所不在的美景，一點也不為了它正在夕陽中消褪而感到悵惘。他回到狄歐梅旅館，就像他來的時候一樣感到不滿足。

五

但是，就像他不經意地來到這個地方一樣，雖然沒有得到什麼靈感（invita Minerva），他在一夜之間決定要做的蠢事，至少有了一天科學方面的收穫，於是他一等到「城門口」開放，就走原路前往龐貝城。一小群人手裡拿著紅色旅行指南或類似外國旅行指南跟著嚮導走，渴望找到屬於他們自己的祕境。除了這群人以外，還有兩家旅館的房客也夾雜在他前後。英語或美語的閒談打破了寂靜而清新的晨間空氣。在卡布里島聖天使山後面的帕加諾餐廳的早餐桌旁，成雙成對的德國男女在正享用著德國的甜品和美酒。諾貝記得自己是如何以委婉的說法加上不少的賞錢（mancia）擺脫了嚮導（guida）加諸他的困擾，而自由自在地獨自找尋自己的目標。他很開心能有個完美無瑕的記憶；眼前的一切都和記憶中的地方相符，宛若昨日才以敏銳的觀察力銘記在心中。可是，這種不斷反覆的知覺卻讓他覺得回到這裡似乎是多此一舉。他的眼神和思緒越來越索然無味，就像傍晚在城牆上一樣。他抬頭看到維蘇威火山松樹狀的冒煙圓錐體在藍天的襯托下聳立著，然而他並沒有想起自己曾經夢見他在西元七十九年火山爆發時也身處被毀滅了的龐貝城裡。他信步而行，幾個小時後，感到又累又睏，卻一點也沒有身處夢中的感覺，四周只是雜沓的古代拱門、廊柱和斷垣殘壁，對於考古學當然是很有意義的，但是如果沒有考古學的神祕助力，它們確實只是一堆垃圾，儘管整齊排列，卻很無趣，科學和夢境以前往往是對立的，而今天在這裡，兩者顯然都要把那個助力從諾貝．哈諾身上抽走，讓他漫無目的地走走停停。

他每個地方都走過了，從廣場到圓形劇場，從斯塔比亞海堡（Porta di Stabia）到維蘇威海堡（Porta del Vesuvio），穿過「墳墓街」以及無數其他衢巷，太陽同樣走著它早上習慣的路上升到山脊，然後在海邊愜意地落下。那些被導遊誤導到這裡的英國和美國的男男女女卻心滿意足，滔滔不絕的導遊對他們比手劃腳說，他們就要回到旅館坐在舒適的午餐餐桌前了。此外，他們已經看過了在海洋或海峽對岸可以向人吹噓的一切。所以，一群群遊客享受了古蹟的盛宴之後陸續往回走，人潮漸退，穿過「海景路」（Via Marina），不想錯過狄歐梅旅館或瑞士旅館裡的豐盛餐點（這麼說確實有點矯揉造作了）。就所有外在和內在環境而言，這無疑也是他們最明智的選擇，因為五月的正午，確實很有利於蜥蜴、蝴蝶和廢墟裡有翅膀的住客和訪客，但是對於來自北方的太太小姐們的皮膚而言，陽光的直接照射當然是很無情的，而它的「魅力」（charmings）也在最後一小時裡消失殆盡，「震撼」（shockings）則相對地增加，而男人嘖嘖的驚嘆聲，也漸漸變成呵欠聲。

然而，值得注意的是，在他們消失的同時，從前的龐貝城的面目完全改觀了，卻還是一樣了無生趣。這個城市現在似乎全風化了，像死人一樣一動也不動。但是它卻在人心喚醒一種感覺：死亡正要開始演講，只是人類的耳朵無法理解。是的，到處都出現一種聲音，宛若來自石頭裡的歎歎聲，輕聲呢喃的南風（Atabulus）喚醒了石頭。在兩千年前，南風就是這樣在神廟、廊道和房屋四周低語，而現在它正在和低矮廢墟上蔥綠的草梗嬉戲著。它時常會匆匆橫越非洲海岸，吹起狂野的颶風。那天它倒沒有這麼做，只是輕輕吹拂著再度出現在亮光中的舊識。然而，它還是無法免於天生的破壞性向，對著途中遇到的一切呼出熱氣，只不過是輕輕吹著。

南風是永遠年輕的母親，太陽，則是從旁協助。太陽使它的吹拂更加熾熱，除此之外，太陽又完成了它無法做到的事，即讓萬物不停顫動、閃耀令人目眩的光輝。太陽似乎是用一塊金色的刮字刀，刮去「小徑」（semitae）和「路基」（crepidines viarum）——以前叫作「人行道」（trottoire）——屋子外牆所有細窄的陰影，把光芒灑在所有門廊（vestibula）、院子（atria）、柱廊（peristylia）和露台（tablina）上，或者把斑駁的陽光照在遮蔽物表面。幾乎沒有任何角落可以免於烈日的照射，或是隱藏在銀色的網狀的暮靄裡。每條街道都在古老城牆之間阡陌縱橫，宛如層層波浪的白色布匹掛在街上等著要晾乾。一切都靜止無聲，毫無例外。不僅英國和美國信使刺耳的鼻音聲調再也聽不到了，就連蜥蜴和蝴蝶的生命徵象，似乎也從這個沉默的廢墟城市中消失了。雖然實際上並非如此，但是視線所到之處，再也看不到牠們的動態了。

幾千年來，當偉大的牧神躺臥睡覺時，這些生物位於山坡和懸崖峭壁的祖先們也養成一種習慣，為了不要驚動牧神，牠們也會伸展身體，動也不動，或者斂起翅膀四處蜷伏著。牠們好像更加強烈地感受到炎熱而神聖的正午的安靜氣息透露出來的主宰力；在這種氣息如幽靈一般的時分裡，生命必須沉寂下來而且被壓抑，因為在這期間，死者會醒來，開始以無聲的鬼魂語言演講。

四周所顯現的改變其實不是眼睛看得到的，而是一種感覺，或者更正確地說，是喚起無以名之的第六感。然而這種第六感既強烈而又持續，所以具有這種第六感的人，很難抖落在他身上的影響力。饕客們已經在「城門口」兩間飯店裡忙著使用湯匙。說真的，他們當中幾乎沒有一個男人或女人具有這種第六感，但是大自然一度賦予諾貝．哈諾這種高度的注意力，而他也必須承擔它所造成的影響。然而，不是說他有了這種注意力就會有所領悟。他只希望可以靜靜坐在書房裡，拿著一本可以增長見識的書來讀，而不是漫無目地春遊。然而，他從「墳墓街」回頭走，穿過海克力斯拱門，進入老城，在沙魯斯提歐之家（Casa di Sallustio）左轉，心裡既沒有什麼目的也沒有什麼思緒，如此走進狹窄的「微巷」（Vicolo），那種第六感驀地被喚醒了。但是這麼說並不適當，他其實是被這種第六感引進一種奇異的夢境中，在迷離恍惚之間。彷彿在保守什麼祕密似的，他四周充滿了光芒，處在死寂之中，令人喘不過氣，甚至自己的肺部也幾乎不敢吸氣。他站在街口，那是墨丘利巷（Vicolo di Mercurio）和寬闊的墨丘利大道（Strada di Mercurio）的交叉路口；似乎是在呼應商業神墨丘利，以前這裡的生意和貿易相當繁榮。街角好像是在默默訴說這件事。許多店鋪（tabernae）的破舊攤子上嵌著大理石，面對著這條小巷和大道。某個地方的擺設顯示出它是麵包店，還有一家店面有許多突出來的大陶壺，表示是做油或麵粉生意的。對面的店鋪攤子上則嵌著有掛耳的酒壺，表示裡面以前是酒肆。附近的奴隸和女僕可能會在夜裡聚集此處，提著主人的酒壺來酒館（caupona）沽酒。人們現在可以看到店鋪前面用馬賽克鑲嵌在人行道上的刻文，幾經無數腳的踩踏，現在已經無法辨讀了。那些文字也許是為路過的人推薦頂級美酒（vini praecellentis）。外牆上大約半個人高度的地方，可以看到一個男學童的塗鴉（graffito），也許那孩子用指甲或鐵釘在灰泥上刻字，或許在嘲諷人們對主人的美酒的讚詞：他們的酒之所以無與倫比，都是因為摻入大量的水。諾貝．哈諾似乎覺得眼前的塗鴉出現一個拉丁文「酒館店主」（caupo），或許是幻覺吧？他無法確定。他擁有解讀困難的「塗鴉」的技巧，在這個領域上頗有名聲，然而這時候卻完全派不上用場。不僅如此，他甚至覺得自己根本不會拉丁文，竟然異想天開地想要讀懂兩千年前龐貝城的一個學徒在牆上的塗鴉。不僅所有科學知識都背棄了他，甚至不讓他有絲毫重拾知識的妄想。科學知識彷彿是遙遠的記憶，他覺得科學知識是一個乾巴巴的、令人厭倦的老姑媽，是世界上最枯燥無味且膚淺的老婦人。她只會噘著嘴、自以為是地教訓人，而她眼裡的智慧其實都是無用、空洞又誇張的東西，他只是在啃著知識果實的乾皺外皮，而沒有內容或本質核心可言，更沒有帶來任何內心的智慧歡悅。它所傳授的是沒有生命的考古學觀點，嘴裡所說的都是語言學裡那種死去的語言。無助於人們以心靈、理智和感情去理解萬事萬物；正如格言所說的。但是有這種志向的人卻必須遺世獨立地站在這裡。他是古代廢墟的炎熱正午沉寂氣息中唯一有生命的人。他站在這裡，是為了不以身體的眼睛去看，也不以身體的耳朵去聽。然後，有一種東西從四面八方悄悄出現，開始無聲地交談。然後，陽光使古老的石頭不再如墳墓一般死寂，一種熾熱的激情掠過這些古老的石頭，死者醒過來，龐貝城又活了起來。

諾貝．哈諾腦袋裡的心思其實並沒有那麼瀆神，但是他隱隱然有那種感覺。他懷著這種感覺，一動也不動地站著，望著前面的墨丘利大道後面的城牆。石板街道的塊狀熔岩仍然緊緊密合，就像沒有遭到破壞之前一樣。每塊熔岩都呈淺灰色，卻也反映著耀眼的光澤，像極了加襯的銀白絲帶，掠過沉寂的牆壁和斷柱之間明暗閃爍的空隙。

忽然，他張大眼睛沿著街上望去，卻又覺得彷彿在夢中。右邊不遠處有什麼東西走出雙子星之家（casa di Castore e Polluce），從這間屋子到墨丘利大道的熔岩墊腳石上。格拉底瓦正踏著輕巧愉快的腳步。

毫無疑問，就是她。縱使陽光籠罩她的形體，猶如一層薄薄金紗，他還是看出她的輪廓，清清楚楚的，就像浮雕上的模樣。她的頭上纏著一條頭巾，垂到頸部，頭部微微前傾，左手輕輕提起厚重的長袍。長袍只到腳踝地方，所以可以清楚看到她在走路時，右腳即使只懸空了一會兒，腳趾尖卻幾乎垂直提起。然而她並不是石雕，也不是全身上下都呈現一致的單調顏色。衣服顯然是用極為柔軟貼身的質料剪裁而成的，不是透露著寒意的大理石白色，而是淡黃色的溫暖色調。裹在頭巾裡微捲的頭髮覆著額頭，探出雙鬢，反射著金黃色光芒，和雪花石膏似的臉孔相映成趣。

諾貝一瞥見她，就清楚記起一件事：他在某個夢裡看過她一次，就在這裡，就是這麼走路的。那一夜她躺下來，好像在廣場的阿波羅神殿階梯上小憩。想起這件事之後，他第一次意識到另一件事。他在動機不明的情況下，為了那件事來到義大利，馬不停蹄地從羅馬和那不勒斯來到龐貝城，要看看是否可以在這裡找到她的蹤跡——不折不扣是這個意思——因為她的步態很不尋常，想必在灰燼中留下不同於所有其他人的腳印。

又是個正午的夢中景象在眼前掠過，卻是真實的。因為它造成的一切看起來顯然是真實的。遠處的一塊墊腳石上有個東西在熾熱的陽光中靜靜伸展身體，那是一隻大蜥蜴。牠的身體好像是用黃金和孔雀石編織而成的，朝著諾貝的眼睛閃閃發亮。然而，他的腳步還沒有接近，蜥蜴就倏地飛快逃離，從閃亮的白色熔岩石板街道上扭著身體溜走了。

格拉底瓦走在墊腳上，透露出怡然自得的輕鬆愉快模樣。此時，她轉過頭來，沿著相反的人行道走著，目的地似乎是「阿多尼斯之家」。她在那裡駐足片刻，不知道在思索什麼，接著又往前走，穿過墨丘利大道。左邊比較優雅的建築，只有「阿波羅之家」（casa di Apollo）。這座建築物的命名是因為那裡出土了許多關於阿波羅的作品。這個視線緊盯著她的男人覺得她是要選擇阿波羅神殿門廊作為長眠之地。也許，她和太陽神祭祀有關而正要前往那裡。然而，她走了一下子又停下來，回到同樣鋪著墊腳石的街道右側。如此一來，她的臉孔另一邊轉向他，看起來有點不同，因為她那隻提起衣服的左手看不見了，而手臂也不再彎曲，而是筆直垂下來的。然而，遠處金色的陽光波浪在她四周顫動，形成一層厚重的網紗，使得他無法分辨她在何處停下腳步，因為她突然在梅勒阿格羅之家

（casa di meleagro）前面消失身影。諾貝・哈諾佇立不動。他以眼睛（這次是身體的眼睛）觀察她消失中的形體。現在他才深深吸一口氣，因為本來他的胸部也幾乎靜止不動。

那個使其他感官無影無蹤的第六感完全支配著他。剛剛眼前的景象是想像的產物嗎？或者是真實的情況？

他不知道，也不知道自己是清醒的還是在夢中，怎麼也沒辦法收攝心神。接著，一種莫名的寒顫掠過他的脊骨。他沒有看到什麼，也沒有聽到什麼，卻在祕密的內心顫動中感覺到，龐貝城在正午的幽靈時分在他四周活了起來，所以格拉底瓦也活起來，還走進那毀天滅地的西元七十九年八月之前住過的房子裡。

在前次造訪中，他就造訪過梅勒阿格羅之家，然而這次沒有去，只有在那不勒斯國家博物館（Museo Archeologico Nazionale di Napoli）裡，短暫駐足在畫著梅勒阿格羅（Meleagro）和他的田園女獵人同伴阿塔蘭塔（Atalanta）的壁畫前面。[20]他已經在墨丘利大道那間房子之中發現這些壁畫，而墨丘利大道就是根據這些壁畫命名的。然而，他現在可以去梅勒阿格羅之家，卻又懷疑它是否真的是根據這個殺了卡里多尼亞野豬的梅勒阿格羅而命名的。他忽然記起也有個希臘詩人叫梅勒阿格羅，也許是在龐貝城被毀的一個世紀之前的人。無論如何，他的後代可能來過這裡蓋了房子。此事很符合浮現在記憶裡的另一件事情。他記得，他認為，或毋寧說他確信，格拉底瓦是希臘人。是的，他的想法中混雜著阿塔蘭塔的形象，就像奧維德在他的《變形記》裡描述的：

阿塔蘭塔的衣袍用帶釦在脖子的地方扣住
髮式很簡單，
只在頭上盤了個結。[21]

20 編按：梅勒阿格羅，希臘神話中阿哥斯勇士軍隊裡的英雄，卡里頓（Calydon）國王歐紐斯（Oineos）和阿爾泰雅（Althaia）的兒子，克里奧佩特拉（Kleopatra）的丈夫。他出生的第七天夜裡，命運三女神（Moirai）就預言說他只能活到爐灶的木柴燒完為止。於是她母親把所有木柴取出熄滅，以妥善保存，好讓他平安長大。在群雄獵野豬時，女英雄阿塔蘭塔用箭射死野豬，梅勒阿格羅的兩個舅舅卻要搶分野豬皮，而被他殺死。阿爾泰雅非常忿怒，便取出木柴丟到爐灶裡燒盡，梅勒阿格羅立即死去。他的母親悔恨不已，和梅勒阿格羅的妻子一同自盡，被阿提密斯變成珍珠雞（meleagrides）。

21 編按：引文中譯見《變形記》，頁211，呂健忠譯，書林，二〇〇八。

他無法想出完整的詩句，但是詩的內容卻在心中盤旋。在他的知識庫裡又多了一個事實：歐紐斯（Oeneus）的兒子梅勒阿格羅的年輕妻子叫作克里奧佩特拉。她可能和這個梅勒阿格羅無關，而是和希臘詩人梅勒阿格羅有關。如此，在「平原」的熾熱太陽下，他在腦海裡玩起了「神話、文學、歷史、考古學」的雜耍。

他經過「雙子星之家」以及「人頭馬之家」，在「梅勒阿格羅之家」前面停下腳步。「梅勒阿格羅之家」門檻上鑲嵌的問候語「福哉」（have）仍然清晰可辨。在前廳（vestibulum）的牆上，信使神墨丘利拿給幸運女神福爾圖娜（Fortuna）一隻裝滿錢的袋子，也許暗示著以前住在裡面的人很富有，在其他方面也有福分。穿過前廳，裡面的庭院赫然出現在眼前，中央是一張以三隻獅鷲（Greif〔gryps〕）[22]為底座的大理石桌子。

房間空蕩蕩的寂然無聲。這個男人走進房間時，似乎完全不認識它。房間沒有喚起他在這裡的任何記憶。不過，他不久就想起來了，因為屋子裡的陳設不同

22 編按：希臘神話裡的怪物，鷹首獅身，有雙翼。鷹獅是聖火和生命之水或生命樹的守護者。鷹首象徵天空的統治，而獅身則象徵地上的威權。

於城市其他出土的建築物內部。列柱後面毗連著陽台另一邊的內院，不是在它的後面而是在左邊，因此比龐貝城任何列柱的面積更廣闊壯觀。列柱由一條柱廊襯托，柱廊是由二十四根柱子支撐，下端是紅色的，上端則漆成白色。列柱使得廣闊而寂靜的空間透露著莊嚴的氣息。庭院中間有一座噴泉以及美侖美奂的魚池。屋子的主人想必有文化和藝術的修養。

諾貝環顧四處，側耳傾聽。任何地方都看不到有東西在動，也聽不到任何聲響。這塊冰冷的石頭裡不再有氣息傳來。如果格拉底瓦剛才真正走進梅勒阿格羅的房子，那麼她一定已經化為烏有了。列柱後面有另一個羅馬風格的房間，是以前的餐廳，同樣是由三面漆成黃色的廊柱支撐，在遠處的燈光中閃爍著，彷彿鑲著黃金。然而在它們之間卻點綴著一抹酡紅，比牆壁的紅色更加炫目。那不是古人把地板染成紅色，而是現代年輕的大自然的傑作。以前充滿藝術氣息的石板經歷了風吹雨打，現在已經殘破不堪。五月又在這裡施展其遠古的支配力，就像這個被埋葬的城市的許多房子裡一樣，整個羅馬時代的房間到處都是盛開的鮮紅野罌粟。罌粟的種子隨風飄至，在灰燼裡萌芽。那是層層波浪一般的罌粟花，或者說看起來是如此，其實則是文風不動，因為風神找不到來到這裡的路，只是在屋子上方輕柔地低吟。然而，太陽在它們上頭熾熱而耀眼奪目地波動著，宛若池子倒映的紅色漣漪起伏不定。諾貝．哈諾的眼睛也曾經漫不經心地掠過其他房子類似的景象，但是這裡的景象卻使他怦然心動。在「忘川」邊緣長出來的夢中花充滿了這個空間，而睡神希普諾斯（Hypnos）正躺在其中，用夜晚採集在紅色酒杯裡的汁液讓人感官變得遲鈍而昏昏入睡。這個男人穿過列柱門廊走進餐廳，感覺到自己的鬢邊彷彿被征服諸神與人類的老人隱形的睡眠魔杖點了一下，卻沒有因而喪失知覺，只有一種夢幻般的美妙氣息漂浮在他的意識四周。他還是可以支配自己的雙腳，沿著從前那間餐廳的牆邊走著。牆上掛著古老的畫：帕利斯（Paris）王子在賞賜蘋果、一個牧神手裡抓著毒蛇在嚇唬一個年輕的女祭司。

但是忽然間，在距離他五步之遙的地方，餐室廊柱仍然保存完好的上半部投下了細長的陰影，就在那陰影中，有個淺色衣著的女子坐在兩根黃色廊柱之間的低矮階梯上。她抬起頭來，沒有注意到他正在走近，顯然是剛剛聽到他的腳步聲。他清楚看到她的臉孔，心裡生起雙重的感覺：他覺得那張臉既陌生又熟悉，彷彿見過或想像過。但是他屏息凝神，心臟撲通撲通跳個不停，明確地認出那張臉是誰。他找到尋尋覓覓的人了，就是這個人使他不自覺地來到龐貝城。就在正午的幽靈時分，格拉底瓦的幻影逡巡徘徊著，接著她坐在他面前，宛如夢中在阿波羅神殿階梯上的模樣。她膝蓋上覆著一件白色的東西，他無法清楚辨識，似乎是莎草織成的被單，還有一朵紅色的罌粟花，形成顯目的對照。

她的臉孔露出驚訝的神情；在閃閃動人的褐色頭髮以及雪花膏似的美麗額頭下面，閃著神奇光芒、燦若明星的眼睛正看著他，透露著懷疑的驚愕眼神。他一下子就看出，她的五官和側面看到的是一致的。從前面看來，那一定就是她，正因為如此，他第一眼就覺得她的五官並不陌生。就近端詳，她有點淺黃的白色衣服更強化了暖色調。衣服顯然是極為柔軟的毛料，衣褶很多，而她的頭巾也是同樣的質料。頸背上再度出現閃亮的褐髮自然地攏成一個髮髻。嬌小的下巴下面的脖子上，有個小小的金色帶扣把衣服扣在一起。

諾貝不自覺地伸手摘下頭上那頂柔軟的巴拿馬帽。他以希臘語說：「妳是雅索斯（Jasos）的女兒阿塔蘭塔嗎？或者你是詩人梅勒阿格羅的後代？」

聽到對方這麼問，女子並沒有回答，只是默默看著他，眼中露出鎮定而慧黠的神色。他心中掠過兩種想法：要不是她復活了的幻影沒辦法講話，不然就是她並不是希臘人，不會說希臘語。於是他改用拉丁語問道，「妳的父親是拉丁裔的龐貝城貴族嗎？」

面對這個問題，她也同樣沉默無言，只是她那曲線優美的嘴唇微微顫動，好像強忍著一陣爆笑。此時他心中感到很驚慌。她坐在他的前面，就像一幅靜物畫，一個沒辦法說話的幽靈。驚覺到這種情況後，他的整個神情掩不住驚慌失措。

然而，她的嘴唇再也無法壓抑衝動了；一抹真真實實的微笑在嘴唇四周盪漾，一陣聲音從嘴唇之間迸出來：「如果你希望和我說話，那麼就必須用德語。」

這句話出自一個在二十個世紀以前就香銷玉殞的龐貝女人嘴裡，的確很不尋常，對於一個認知心態迥異的人而言更是如此。然而，諾貝卻不覺得有什麼奇怪之處。他心裡掠過兩種情緒的波動，一則是因為他發覺格拉底瓦竟然會說話，再則是她的聲音使他心醉神馳。她的聲音就像她的眼眸那麼清澈圓潤，讓人想起鐘聲，打破了罌粟花田野上方陽光普照的沉寂。這位年輕的考古學家驀然想到他早就在夢裡聽過這個聲音，於是脫口而出說：「我知道這就是妳的聲音。」

從她的臉孔可以看出來她正要努力要了解一件事，卻不知道那是什麼。對於他剛才說的話，她回答說：「那怎麼可能？你又沒有跟我說過話。」

她說的是德語，而且是現代的語法，很正經八百地和他交談，這對他而言也不是什麼不尋常的事。她會這麼做，他完全了解，情況只可能是這樣子的。於是他馬上回答說：「沒有——我們沒有交談過——但是當妳躺下來睡覺時，我曾經呼喚妳，就在妳身旁，妳的面容流露著安詳的美，就像大理石一樣。我可以請妳再度以那種方式躺下來嗎？」

就在他說話時，一件很特殊的事情發生了。一隻前翅內側微微透著紅色的金色蝴蝶倏地從罌粟花叢裡鼓翼飛向廊柱，幾度掠過格拉底瓦的頭部，然後停留在她額頭的褐色鬈髮上。她卻在這個時候站起來，身材苗條高挑。雖然是突然站起來，卻顯得從容不迫，默默地朝著諾貝匆匆一瞥，似乎是以為他瘋了。接著腳向前抬，以其特殊的步態沿著古老廊柱去，最後似乎陷入地裡。

他站起來，喘不過氣，好像被嚇呆了，卻很清楚眼前是怎麼回事。正午的幽靈時分已經結束；一位帶翼使者以蝴蝶之姿從冥府的水仙（Asphodelos）[23]草原前來，勸死者回歸。他認為此事另有蹊蹺，只不過情況不明。他知道，這隻美麗的地中海地區蝴蝶就叫作克里奧佩特拉，而這也是卡里多尼亞的梅勒阿格羅的年

23　編按：希臘神話裡的冥界之花。

輕妻子的名字。這個妻子為梅勒阿格羅的死哀傷不已，就把自己獻給了冥府的鬼魂。

他趕緊呼喊正要離開的女孩：「妳明天會在正午時分再來這裡嗎？」可是她既沒有轉身也沒有回答，不久就消失在廊柱後面的餐廳角落。他心中忽然生起一股強烈的衝動，想要追上去，但是他再也看不到她亮麗的衣服了。「梅勒阿格羅之家」閃爍著熾熱的陽光，四周一片寂靜，只有蝴蝶克里奧佩特拉熠熠的鎏金翅膀再度圍繞著罌粟花田翩翩飛舞。

六

諾貝・哈諾記不起自己什麼時候以及是如何回到「城門口」。他的記憶中只剩下一個想法：他的食慾強烈要求在「狄歐梅旅館」獲得滿足，就算慢慢來也可以。然後，他在第一條完好無缺的街上漫無目的地信步前進，到達了卡斯特拉瑪（Castellamare）北部的海灘，在那裡的一塊熔岩坐下來。海風在四周吹拂，直到太陽落在蘇連多（Sorrento）的聖天使山和伊斯奇亞（Ischia）島上的艾波美奧山之間。儘管他在水邊多待了至少好幾個小時，但是新鮮的空氣卻沒有撫慰他的惆悵，反而是就像離開旅館的時候一樣地回到旅館。他看到其他客人正忙著吃飯，於是在房間角落喝了一小瓶請別人拿給他的維蘇威酒，呆呆望著吃飯的人的臉孔，傾聽他們的談話。從所有人的臉孔及其談話看來，他很確定他們沒有任何人在正午時分看過一個死去又短暫復活的龐貝女子，更不用說和她交談了。當然，這都是預料之中的必然結論，因為他們當時都在吃午餐（pranzo）。他也說不上來為什麼，不久之後，他就到和「狄歐梅旅館」競爭的「瑞士旅館」，找個角落坐下來。由於必須點什麼東西，他就跟剛前一樣點了一小瓶維蘇威酒，同樣用眼睛和耳朵到處查探。結果還是一樣，他更進一步結論，他現在一眼就認得出到龐貝的所有活人訪客。是的，這種情況讓他了解更多事情，只是他不認為那算是什麼增長見聞，不過他倒是感到滿足：他的所見所聞，讓他和這兩家旅館的男女客人都有了片面但熟稔的關係。當然，他不會妄想在旅館裡遇到格拉底瓦，他敢說旅館裡沒有任何貌似她的人。他在觀察過程當中，時而把酒倒進杯子，間或喝一小口。就這樣，酒瓶漸漸空了。於是他起身回到「狄歐梅旅館」。此時天空妝點了無數閃亮的星星，但不是以傳統的靜止方式。諾貝覺得，英仙座、仙后座和仙女座以及鄰近一些星座，都在微微鞠躬，圍起圈圈跳舞，而底下的塵世，他認為樹頂和建築物的陰影也不會停留在同樣的地方。當然，這個地區的土地自古就不是很穩定，這種情況一點都不足為怪，因為火山爆發之後，地下岩漿四處流竄，有些用來釀酒的攀緣植物和葡萄自其中冒出來，只是維蘇威酒並不是諾貝．哈諾晚上常喝的酒。就算或許是因為微醺才會覺得東西在旋轉，但是他仍然記得，自從中午之後，所有東西都在四周輕輕轉動。雖然現在轉得更厲害了，但是他並不認為和剛才有什麼不一樣。他走進自己的房間，對著敞開的窗子前站了一會兒，眺望維蘇威山。這時，山頂並沒有圓錐形的煙霧瀰漫，而是有一種東西，像是暗紫色的斗篷的波動，在它四周起伏不定。接著，這個年輕的考古學家脫下衣服，沒有點燈就去找他的臥榻。然而，當他伸展身體時，驚覺自己並不是在「狄歐梅旅館」的床，而是一片嬌艷欲滴的紅罌粟田野，罌粟花緊挨著地，宛如被陽光曬熱的坐墊。他的敵人，那些常見的家蠅都被暗夜關了起來，一副無精打采的昏沉模樣，棲息在上面的牆角，有五十多隻，但是只有一隻就算昏昏欲睡也要到處飛，想要折磨人類，在諾貝．哈諾的鼻子四周嗡嗡叫。然而，他並不視牠為絕對之惡，也不認為是人類的百年禍害，因為以前的牠就像一隻紅金色的克里奧佩特拉。

早晨的太陽，加上蒼蠅助紂為虐，把他從夢中驚醒，除了奧維德的《變形記》裡的劇情以外，他想不起夜裡在他四周發生了什麼事。然而，無疑的，有一種神祕的存在物不斷在編織著夢境的網，一直坐在他身旁，他覺得自己的頭部完全被那張網纏住，所有思考能力都被困在網中，意識裡只剩下一件事。他一定是在正午時分又回到梅勒阿格羅的房子。想到這點，一種恐懼感襲他而來，因為如果「城門口」的門房有注意他的話，是不會讓他進去的。他並不想引人側目。為了迴避他們的眼光，熟悉龐貝的他確實有個方法暗渡陳倉。他並不適合在決定行動時考慮到法律規範。所以，他就像剛進城的那個晚上一樣，走上古老的城牆，在上面繞著廢墟城市走了半圈，直到沒人看守的孤單的「諾拉門」（Porta di Nola）。從這裡進入並不困難，於是他逕自走進去，並不因為規避「管理室」、沒有付兩里拉的入場費而感到不安，當然他也可以補票。如此，在沒有人看到的情況下，他走到城市一個很無趣的部分，以前沒有任何人探勘過，大部分地方都沒開挖。他坐在陰涼的隱密角落等候，時而拿出手表來看時間。有一度他瞥見遠處灰燼裡有個發亮的銀白色東西，但是他的視覺並不可靠，無法分辨那是什麼。不過，他還是不自禁走過去。原來那裡聳立著一棵盛開的高大水仙，花呈白色，像掛鐘一樣，風從外面把種子吹到那裡。那是冥府的花，意義重大，他也認為這種花是註定要長在這裡的。他折斷嫩葉，拿著它回到座位。越來越熱的五月陽光照射下來，就像昨天一樣，太陽到了中午的位置。他在這時候起身出發，穿過漫長的諾拉大道。街上一片死寂荒涼，就像所有其他大道一樣。在西邊，所有早晨的訪客都擠到海景門（Porta Marina）以及湯盤所在的地方。又有燠熱的空氣在流動。在炫目的陽光中，諾貝．哈諾的孤獨身影在水仙的襯托下，看起來像是穿著現代衣服的賽姬仙女的護花使者赫美斯（Hermes），要去引導一位離開塵世的靈魂到冥府。

在無意識的狀態下，基於本能衝動，他穿過福爾圖娜大道（Strada della Fortuna）往前進，在墨丘利大道右轉，就到了梅勒阿格羅之家。門廳、庭院和廊柱和昨天一樣無精打彩地迎接他。在廊柱之間，餐廳的罌粟花有如火燄一般掠過他身邊。然而，當他進入時，卻不清楚自己是昨天或是兩千年前來過，要向屋子的主人打探重要的考古學訊息。然而，他卻說不出是什麼訊息。此外，他認為，整個考古學是世界上最沒用而且無關緊要的東西。他無法了解怎麼會有人能專心研究這種科學，因為所有的思考和探究都只是針對那個生命的身體性質，那個生命既是死的也是活的，儘管只在正午的幽靈時分或者在昨天，而且也許是百年或一千年一遇。有件事忽然變得很確定，那就是，他今天回來是白費工夫了。他沒有遇到自己所要尋找的女孩，因為她不被准許再來這裡，除非他也死亡多年、被埋葬和遺忘。當然，當他沿著當初帕利斯王子賞賜蘋果所在的城牆踽踽獨行時，他意識到格拉底瓦就在他前面，就像昨天一樣，穿同樣的長袍，坐在同樣的階梯上，在同樣的兩根廊柱之間。然而他卻不讓想像力的技倆欺騙他。他知道那只是幻想在眼前虛構昨天的情景。不過，他卻禁不住停下來，失魂落魄地望著自己創造出來的黑暗幽靈，悲傷地說：「啊，妳還活著！」

他的聲音很響亮，但是無聲無息的沉寂接著再度君臨這間古老餐廳的破舊東西之間。不久後，另一個聲音穿過空虛的靜寂：「你不坐下來嗎？你看起來很累。」

諾貝·哈諾的心跳停了一會兒。不過，他的頭腦還算是理性；幻影是不會說話的；或者，是幻聽在欺騙他嗎？他倚著柱子到處張望。

那聲音又問他，那正是格拉底瓦的聲音。「你拿了白花要送我嗎？」

他忽然一陣暈眩，感覺自己的兩腳再也無法支撐，而不得不坐下來。他癱坐在階梯上和她面對面，倚著廊柱。她秋波流轉的明眸轉向他的臉龐，眼神卻不同於昨天突然站起來離開的時候凝視他的模樣。當時她露出慍怒和厭惡的神色，現在卻已不復見，彷彿態度有所轉變。現在是一種探尋或好奇的銳利神情。她說話的姿態依舊自在而親切。但是由於他沒有回答她剛剛的問題，所以她又說：「你昨天告訴我說，你有一次在我躺下來睡覺時呼喚我，後來又站在我身旁，又說我的臉像大理石那麼白皙。這是什麼時候的事呀？我記不得了，可以請你說清楚一點嗎？」

諾貝總算有辦法開口講話了。「是在那一夜，妳坐在廣場中的阿波羅神殿的階梯上，維蘇威火山的灰燼覆蓋在妳的身上。」

「所以——是那時候，是的——我沒有想到這件事。可是我應該想到和那件事有關的。你昨天告訴我的時候，我沒有預期到，完全沒有心理準備。然而，如果我的記憶沒錯的話，那件事是在兩千年前。你在那個時候活著嗎？我認為你看起來比較年輕呢。」

她說話的模樣很嚴肅，但是說完時一抹極為甜美的微笑在她的嘴角漾開。他又尷尬又猶豫，支支吾吾地回答說，「不，我真的不相信我活在西元七十九年——也許是七十九年——是的，那確實是一種通靈狀態，所謂的夢境，把我傳送到龐貝被毀的時間——但是我再度第一眼就認出妳了。」

坐在他對面幾步遠的這個女孩顯然很驚訝，她以吃驚的聲調重覆他說的話，「你再度認出我？在夢中？怎麼認出的？」

「一開始就認出來了；憑著妳走路的模樣。」

「你注意到了嗎？我走路的模樣很特別嗎？」

她的吃驚神色越來越明顯。他回答說：「是的，妳難道不知道嗎？世上沒有任何人走路的姿勢比妳更優雅，至少是現在活著的人當中。不過，我憑著其他的一切立刻認出是妳。包括妳的形體、臉孔、儀態和衣著，因為妳在羅馬的浮雕把妳描繪唯妙唯肖。」

「啊，真的嗎？」她又以先前的聲調說：「我在羅馬的浮雕。是的，我也沒有想到這件事，我其實不知道那是什麼東西，那麼，你是在那裡看到的？」

他對她說她的外表很吸引他，在德國獲得一個石膏模型，讓他喜出望外，把它掛在房間好幾年了。他每天都凝視著它，心中想著：它一定是在描繪一個龐貝女孩，在自己出生的城市裡走在街道的墊腳石上；夢境證實了這點。現在他也知道，他被這個石膏模型驅使而故地重遊，看看自己是否能夠找到她的蹤跡。昨天中午，他站在墨丘利大道，她，就是她本人，她的模樣，忽然在他前面踩著墊腳石，似乎是要走進阿波羅之家。然後，在更遠的地方，她又穿過街道，在梅勒阿格羅之家前面消失。

她聽了點頭說：「是的，我是想要看看阿波羅之家，卻來到了這裡。」

他繼續說：「基於這個原因，我想到了希臘詩人梅勒阿格羅，而且我認為妳應該是他的後代，正要跑到——在妳獲准出現的時分——妳祖先的家，可是用希臘文跟妳交談，妳卻又聽不懂。」

「那是希臘文嗎？不，我不懂，也許我忘了。可是你剛才來到這裡，我卻聽得懂你說的話。你說你希望這裡還有個人活著。只是我不了解你指的是誰。」

於是他回答說，他看到她的時候，認為那並不是真正的她，而是他的想像力在欺騙他，就在他昨天遇見她的地方，她的影像出現在他眼前。她聽了以後微笑表示同意：「你似乎很理性，想要阻止過度的想像，只不過當我跟你在一起，我卻不這麼認為。」她頓了頓又說：「你剛才談到我走路的樣子，有什麼特殊的地方嗎？」

說也奇怪，她似乎對這件事情很感興趣。他說：「我可以問……？」

他欲言又止，因為他想起一件事而有點害怕：昨天，當他要她像在阿波羅神殿的階梯上那樣躺下來睡覺，她卻忽然站起來走開。另一件讓他不安的事則是，他想到她在離開時對他瞅了一眼。然而現在她的眼神卻是安詳而友善。看到他沒有說下去，於是她接著說：「真好，你盼望有人可能仍然活著，而且和我有關。如果你想要問我任何事情，我會樂於回答。」

這句話平息了他的擔憂，於是他回答說：「如果我能夠就近看看妳走路的模樣是否就像浮雕描繪的，我會很開心。」

她沒有回答，但是盈盈站起身來，沿著牆壁和廊柱之間走動。這種透顯出輕鬆愉快的安詳步態——腳跟幾乎垂直抬起——深深烙印在他心裡，但是他卻第一次看到她提起的長袍下面穿的不是涼鞋，而是用優質皮革製成的淺黃色輕便鞋。等到她走回來、靜靜坐下來，他情不自禁地談到她腳上穿的東西和浮雕的差異。她聽了後回答說：「當然，時間總是會改變一切。現在並不適合穿涼鞋，所以我穿上普通鞋子，可以更加防雨和防塵。但是，你為什麼要我在你面前走路呢？有什麼特殊的意義嗎？」

她一直想要知道這點，證明她並沒有完全免於女性的好奇。於是他說，重點是，她走路時抬起的那隻腳是筆直的。然後他又說，他花了好幾個星期觀察家鄉的現代女性在街道上走路的模樣。然而，她們似乎完全不懂這種美麗的走路方式——也許只有個女人讓他覺得是以這種方式走路。當然，他不是很確定，因為她的四周簇擁著許多人，也許那是他腦袋裡的幻覺。他認為她的五官神似格拉底瓦。

「真可惜，」她回答說。「如果可以證明這件事，對於科學的確很重要。如果你做到了，也許你就不必大老遠跑到這裡了。但是你剛剛是在說誰呢？格拉底瓦是誰啊？」

「我是這樣稱呼那座浮雕的，因為我不知道妳的真正名字，現在還是不知道。」

他猶疑地補上最後這句話，她躊躇了一會兒才回答這個間接的問題。「我的名字是柔伊（Zoe）。」

他以痛苦的聲調說，「這個名字非常適合妳，但在我聽來卻像尖酸刻薄的嘲諷，因為『柔伊』的意思是『生命』。」

「人必須適應不可避免的情況，」她回答說：「我早就習慣於死亡，但是我今天的時間已經到了。你帶來屬於墳墓的花，招引我回來。把花給我吧。」

她站起來，伸出細白柔嫩的手。他把那束水仙花遞給了她，卻小心不要觸碰到她的指頭。她接下了花說道：「謝謝你。人們會在春天時贈送玫瑰給幸福的人們，但是對我而言，你送我的遺忘之花才是對的。明天，我會獲准在這個時候回到這裡。如果你也會來梅勒阿格羅之家，我們就可以一起坐在罌粟花旁邊，就像今天一樣。門檻上刻著『福哉』，而我也對你說『福哉』！」

她走出去，在廊柱轉角處消失不見，就像昨天一樣，彷彿鑽到地底下，一切又是空蕩蕩的沉寂，但是在遠處響起短促而輕脆的聲音，像是一隻鳥兒飛越傾頹的城垣上空，清脆悅耳地鳴囀著。然而，這種聲音立刻消失了。只剩下諾貝低頭俯視她剛才坐過的階梯。上面有白色的東西閃爍著，似乎是格拉底瓦昨天壓在膝蓋上而今天忘記帶走的紙莎草葉子。然而，當他怯生生伸手去拿時，卻發現一本素描簿，用鉛筆畫著龐貝城裡的幾間廢墟。倒數第二頁畫的是「梅勒阿格羅之家」庭院裡的獅鷲桌子，而最後一頁則是描摹從廊柱越過罌粟花看到的餐廳。這個早已死去的女孩，在素描簿裡畫出現代風格的畫，著實讓人吃驚，就像她用德文說話一樣令他訝異。然而，比起她的復活，這些都只是微不足道的奇蹟。顯然，她利用正午的自由時間展示不尋常的藝術才華，為自己記錄了曾經生活其中的環境現狀。她的畫證明她的觀察入微，就像她的每句話都證明她心細如絲。也許她時常坐在那張古老的獅鷲桌子旁回想往事，它也因而特別珍貴。

諾貝拿著素描簿，也不自覺地沿著柱廊前進。在柱廊轉角，他注意到牆上有一道裂縫，足以讓纖瘦的人鑽到隔壁，甚至通往法諾巷（Vicolo del Fauno）。然而，一個念頭忽然閃過心中。柔伊（格拉底瓦）並不是在這裡回到地下的，這根本不合理，他不明白自己怎麼會相信這種事，她應該從這條路回到墳墓裡的。一定是一條「墳墓街」，於是他拔腿狂奔到墨丘利大道上，不久就到了海克力斯神殿的大門口。但是，當他氣喘吁吁、滿頭大汗地走進去，一切已經太遲了。寬闊的墳墓大道空空洞洞的一片炫目的蒼白，只在盡頭的光芒後面隱隱有一道陰影，而在狄歐梅別墅前面漸漸淡去。

七

諾貝·哈諾在那天剩下的時間裡覺得龐貝的每個地方，或者至少是在他停留的地方，都籠罩濃霧之中。霧並不像以前灰濛濛的、陰暗而憂鬱的，而是透顯著非常輕快而色彩斑斕的景象，有藍色、紅色和棕色相間，主要是一種淡淡的黃白和雪花膏的白色，點綴著陽光的黃金織錦。那並不會傷害他的視力或聽力，只是使得他無法思考，而且產生一道雲牆，看起來就像是濃霧一般。在這個年輕的考古學家看來，這種情況幾乎就像每個小時都以無法察覺的方式為讓他喝一瓶維蘇威酒，使他的頭腦天旋地轉。於是，他本能地努力要找個解方擺脫它，他不停喝水並且四處走動。他的醫藥知識不是很多，卻足夠他自我診斷：這種怪病想必是腦充血的結果，或許和心跳加速有關，因為他覺得心臟在胸腔中悸動，這是以前沒有的現象。除此之外，他那對於外在世界渾然不覺的思緒依舊紛亂雜沓，或者更準確地說，他腦中只有一種心思占有著他，不安卻徒然地左思右想。這種心思不斷繞著一件事打轉，那就是柔伊（格拉底瓦）的身體特質，不管在梅勒阿格羅之家期間是身體的存在或者只是從前的她的魅影。就前者而言，身體、生理學和解剖學的事實，似乎都證明了她可以自由使用說話器官，也可以用指頭握著鉛筆。然而，諾貝卻一直思忖著，如果他碰她的話，甚或是輕輕把手放在她的手上，他應該只會接觸到空氣。一種奇特的衝動催促他去確定這點，但是同樣強烈的膽怯心理卻阻止他，甚至要他斷了這個念頭。他認為，不管證明了任何一種可能性，都會讓他恐懼萬分。手的生理存在會引起心理的驚慌，而其不具形體的存在又會讓他痛苦不堪。

他在這個問題上鑽牛角尖。他必須以實驗的方法才可能得到科學的解答。就這樣，那天下午他到處漫步，走到龐貝城南邊的聖天使山腳。他意外遇見一個滿臉白鬍子的老人，他身上有各種裝備，看得出來是個動物學家或植物學家，正在烈日當空的炎熱山坡探勘。諾貝走近他時，他轉過頭來驚訝地看了他一會兒才說道：「你對法拉格利歐尼蜥蜴（lacerta faraglionensis）感興趣嗎？這種蜥蜴有可能不僅見於卡布里奇岩，也棲息在大陸上。我的同事艾墨建議的方法確實很好；我屢試不爽。請你不要動⋯⋯」

說話的人語畢謹慎地走前幾步，靜靜探身在岩石一處狹窄縫隙裡放了一個葉子做的誘餌，因為一隻蜥蜴的發亮藍色小頭在隙縫裡窺探。就這樣，這個老人一動也不動，而諾貝．哈諾則在他身後靜悄悄地轉身循著原來的路回去。他隱約認為自己以前看過這個蜥蜴獵人的臉孔，也許是在其中一家旅館裡。這個人的儀態可以證明這個事實。他無法相信會有什麼愚蠢的目的讓人們長途跋涉到龐貝城來。他很高興自己很快就不去想這個設下誘餌的人，思緒回到那個身體究竟是否真實存在的問題上，於是他開始往回走，走到一處叉路時轉錯了彎，來到了視野開闊的古老城牆東邊。心不在焉的他沒有注意到這個錯誤，直接走到一座建築物前面，既不是狄歐梅旅館，也不是瑞士旅館。儘管如此，建築物卻掛著旅館的招牌。他看到附近有個龐貝圓形劇場的巨大廢墟。他想起來這個圓形劇場附近的確有另一間旅館，也就是太陽旅館（Albergo del Sole），由於距離車站很遠，住房的客人不多，就連他也不知道這家旅館。他走了一段路之覺得熱昏了，而且腦袋依舊被濃霧籠罩著，於是走進敞開的門，點了一瓶他認為有助於血液循環的酸橙水。旅館裡空蕩蕩的，當然只有數不清的家蠅。窮極無聊的主人利用這個機會強力推薦他的客房，以及所有出土的寶物。他暗示說，龐貝城附近店家賣的東西沒有一件是真品，全都是贗品，而他只賣供客人確確實實的真貨。只有他自己親眼看到出土的東西他才要。他滔滔不絕地大放厥詞說：人們在廣場附近的地方挖掘出一對年輕的情人，他們知道自己難逃一死，於是兩人緊緊抱在一起，等候死亡的來臨，而出土時他也在場。諾貝聽說過這次的挖掘，卻只是聳聳肩，認為那是特別有想像力的敘述者捏造出來的。這時，主人拿出一枚別針，以證明所言屬實，但他仍然堅持自己的想法，儘管這枚滿是綠色銅鏽的別針是別人當著這個主人面前和女孩的遺體一起從灰燼中挖出來的。可是當諾貝在太陽旅館裡把這枚別針拿在手裡，想像力卻攫獲了他。他不加思索地付給這個英國人所開的價錢，拿著這件東西就匆匆離開太陽旅館，轉進另一個街角，他看到旅館敞開的窗子裡有一株白色水仙花插在瓶子裡，對他點頭致意，他不必思索任何邏輯的關聯性，立刻就相信這株花證明了他手裡的東西是真的。

他既興奮又羞怯，沿著從城牆到海景門的路走著。廣場附近有一對相擁而死的年輕情人被挖掘出來，這可不是什麼童話故事啊。他就在那裡的阿波羅神殿看到格拉底瓦躺下來睡覺，只不過是在夢裡看到的。現在他確定真有其事了。事實上，格拉底瓦可能就是在廣場更遠的地方和一個男人一起遇難的。

銅綠別針夾在他的指頭之間，他心中掠過一種感覺，覺得它本是柔伊（格拉底瓦）所擁有，用來別在頸項間的衣服。那麼，她就是和她一起共赴黃泉的那個男人的未婚妻，也許是年輕的妻子。

諾貝．哈諾想要把別針丟棄。別針使他的手指發燙，好像它在發熱；或者更準確地說，它使他感到痛苦，就像他想到如果自己把手放在格拉底瓦的手上只會碰到空氣的那種痛苦。

然而，理性卻占了上風，他並沒有意志薄弱地讓想像力控制他。無論可能性有多大，仍然缺乏有力證據證明別針是屬於她的，也沒辦法證明那年輕人臂彎裡的人就是她。這個認知讓他著實鬆了一口氣。當他在黎明時分回到狄歐梅旅館時，由於閒逛了很長的距離，就算再強壯的身體也需要休息。他津津有味地吃了簡單的斯巴達式晚餐。儘管這間旅館是阿哥斯人（Argos）開的，卻是沿襲了斯巴達人風味的晚餐。然後，他注意到下午有兩個剛入住的客人。從外表和講話來看，他們顯然是德國人，一男一女，兩人都很年輕而吸引人，五官透露出冰雪聰明的神情。諾貝無法確定他們的關係，然而因為兩人長得很像，他覺得他們應該是兄妹。其實，年輕男人的髮色和女人的淡褐色頭髮並不一樣。女人在衣服上別著一朵紅色蘇連多玫瑰，從諾貝的角落望過去，玫瑰喚起一種記憶，但是想不出是什麼。這對男女是他在旅途中第一次覺得投緣的人。他們一面喝酒，一面談話，聲調不太清楚，但不是警戒性地壓低聲音說話，顯然有時在談正事，有時則是在說說笑笑，因為她的臉上有時會掠過一抹輕笑。這種神色和她很搭配，激起了人們想要加入談話的欲望。或者，如果諾貝兩天前在只有美國人住的房間遇見他們，可能就會有這種欲望。然而，他卻覺得心中掠過的想法，與這對男女的快樂天真完全搭不在一塊兒。這對男女沒有半憂傷的神情，因為他們並沒有在沉思著一個在兩千年前去世的女孩的性格，而是興味盎然地在討論當下生活的一個問題。諾貝顯然無法融入其中。他既覺得比他們優越，卻也怯於上前搭訕，因為他有個不祥的感覺，覺得他們清澈而愉快的眼神可能會看穿他的思緒，因而會覺得他哪裡有毛病。於是他回到自己的房間，像昨天一樣佇立窗前，凝望維蘇威火山的紫色夜幕，接著躺下來休息。折騰了一整天，他一下子就睡著了，但是夢的內容卻相當無稽。格拉底瓦坐在陽光下的什麼地方，用葉片做個誘餌要捕捉蜥蜴，說道，「你不要動，我的同事說得對，這種方法真的很好，她每次都奏效。」

諾貝・哈諾在夢裡覺得這確實是瘋狂至極的事。他在床上翻來覆去，努力要擺脫這種夢境。於是他夢見一隻看不見的鳥，牠短促而愉快地鳴囀著，用鳥嘴把蜥蜴銜走，然後一切都不見了。

八

醒過來時，他記得夜裡有個聲音說，人們都在春天送玫瑰，或者說，他其實是以自己的眼睛回想到這件事的，因為他憑窗往下看，瞥見一叢灼灼燦燦的紅玫瑰花，它們和那個年輕女子別在胸上的玫瑰花是同一個品種的。他走下樓時，情不自禁地摘了兩朵聞了一聞。事實上，蘇連多玫瑰想必有其特殊之處，因為它們的芳香不僅很美妙，也十分奇特。他覺得這種玫瑰應該有某種解憂的作用。至少它使得他不再像昨天那樣害怕守門人。他根據標示走向前去，穿過城門口進入龐貝城墟，付了雙倍的入場費，很快就走到街上，遠離其他訪客。除了那枚銅綠別針和紅玫瑰之外，他也帶了在梅勒阿格羅之家取得的素描簿，但是玫瑰的馥郁香氣卻使他忘了吃早餐。他的心思不是在當下，滿腦子都是還要很久才會臨到的正午時分。他得先熬過這段時間，於是走進一間間的屋子。他心中也許有個想法：格拉底瓦以前也時常到那裡，甚或現在有時也會舊地重遊。他認為她只會在中午出現，但是這個想法正在動搖當中，或許她也會隨意在其他時候這樣做，甚至是在夜晚的月色當中。玫瑰花很神奇地支持他的想法，因為他把玫瑰湊在鼻子附近聞了又聞。他反覆思索，心情很愉快，很有信心地接受了這個新想法。他可以證實一件事：他完全沒有先入為主的偏見，而是接受每種合理的抗議，心中沒有任何合乎邏輯的正當質疑。唯一的問題是：她在別人的眼裡也會是一個實體嗎？還是只有他才能看得到她？前者是不能否定的，甚至是很有可能的，那是他衷心所不願意的，心情因而變得低落不安。想到別人也可能坐在她身旁，向她攀談，他就很生氣。只有他才有這個權利，或者是這個特權，因為是他發現了大家都不認識的格拉底瓦的，他每天端詳著她，把她放進自己的生活裡，在某種程度上更把自己的生命力灌注到她身上。他認為是自己使她重生的，如果沒有他，她就不會擁有這個生命。因此，他覺得擁有這權利，只有他才可以主張這個權利，他可以拒絕和任何人共享這種權利。

這一天比前兩天還要燠熱。太陽似乎在今天決心展現一種很不尋常的技藝，不僅要在考古學方面，也要在現實生活裡讓人們感到遺憾：龐貝的水利系統已經故障乾枯了兩千年。街上的噴泉似乎在回憶著當時的路人如何隨意使用噴泉，彎身把手撐在大理石欄杆上掬水，漸漸就在固定的地方形成類似水槽的凹陷，就像滴水穿石一樣。諾貝在福爾圖娜大道的角落觀察到這種情況，腦中浮現一種想法：柔伊（格拉底瓦）以前也可能以那種方式把手擱在那裡，於是他不由得把手伸進小洞中，卻又立刻反駁了這種想法，很生氣自己竟然會這麼做。其實這種想法完全不符合這位龐貝城貴族女孩的身分，實在太猥褻了：她怎麼會彎身把櫻唇貼在那些下里巴人同樣以粗俗的嘴喝水的噴口。談到「高貴」，他不曾看過比她的舉止更得體的人。他突然想到一件事而心裡惴惴不安：也許她只要注視他就會看出他心中那些不理性的想法。也許她擁有透視的能力。他和她在一起時，有幾次忽然感覺到，她好像是在尋覓走進他內心深處的幽徑，環顧四周，好像用一根明亮的探針在刺探。因此，他不得不小心翼翼，不要讓她在他的思考時看出什麼愚蠢的想法。

這時候距離中午還有一個小時。為了打發這段時間，他穿過街道，走到對面所有出土的房屋當中最開闊壯觀的法諾之家。它和其他房子不同，擁有兩進庭院，在比較大的庭院裡有個空蕩蕩的基座，上面原本矗立著農牧神「法諾」的著名雕像。然而，讓諾貝·哈諾深感遺憾的是，這座很有科學價值的藝術作品已經不在了，它和鑲嵌畫「亞歷山大戰役」都被運到那不勒斯的國家博物館。反正他只是想打發時間，於是穿過主建築，在那裡信步而行。列柱後面有個寬闊的房間，四周圍繞著無數的柱子，或許是另一種圍廊（peristyle）的設計，或者是要當作園內林隱道（xystos）；看起來的確很像，因為就像梅勒阿格羅之家的餐廳，整個庭院覆滿了罌粟花。這位訪客就這樣心不在焉地穿過這個寂靜荒蕪的地方。

可是他停下來，發現自己不是一個人。他注意到不遠處有兩個人。乍看他們像是一個人，因為他們貼得很近。他們沒有看到他，因為他們眼裡只有自己。由於柱子的緣故，他們在那個角落或許以為別人看不到他們。這兩個人緊緊相擁，嘴唇也緊貼在一起。諾貝，這個不會讓人起疑的旁觀者，很驚奇地認出他們就是昨天晚上覺得很投緣的那對男女。就兄妹而言，他們這時的擁抱和接吻，在他看來是未免太久了。所以，他們應該是一對情人，也許是新婚燕爾，又是一個奧古斯都和一個格萊特。

然而，說也奇怪，諾貝此刻心思並不是在那位奧古斯都和格萊特身上。眼前的事件在他看來一點也不荒謬或討人厭，反而更喜歡他們。他們正在做的事既自然又可以理解。他緊盯著眼前活生生的這一幕，就算是觀賞任何最令人驚豔的藝術作品，他的眼睛也沒有張得這麼大。他原來會多看一會兒的，可是又覺得自己冒犯了這個神聖的地方，正在打斷一個祕密的燕暱之私。一想到他可能會被發現，心裡不禁一凜，於是很快轉身，躡著腳尖靜悄悄走遠。當他走到他們再也聽不到的距離時，就屏息且心跳加速地跑出法諾之家。

九

走到梅勒阿格羅之家前面時，他並不知道是否已經到了中午，也沒有看手錶，只是駐足在門前，猶疑不決地俯視入口的「福哉」一陣子。由於心生恐懼，他並沒有走進去。奇怪的是，他既擔心在裡面看不到格拉底瓦，又害怕看到她會在裡頭。他心想她會和一個年輕男子待在什麼地方，他會在廊柱之間的階梯上陪伴她。然而，他對這個男人卻心生憎恨，遠勝過所有聚集在一起的家蠅。在今天之前，他不認為自己居然會有如此強烈的情緒。他一直以為決鬥是愚蠢的無稽行為，但是這時候卻突然有了不同的看法。現在的他認為決鬥是一個人的自然權利，一個人在受到傷害或侮辱時，會採取決鬥的方法，作為獲得滿足或犧牲沒有意義的生命的唯一可能方法。所以，他倏地走進大門。他要向這個大膽的男人挑戰，並且要——這個念頭更加強烈——毫無保留地向她表明，他認為她是最端莊嫻雅的人，不可能做出這樣低俗的事。

他內心充滿忿怒，一口氣衝到餐廳，以激烈的口氣問道：「妳自己一個人嗎？」儘管他一眼就看得出來，格拉底瓦就像兩天前一樣獨自坐在階梯上。

她驚詫地望著他回答說：「中午過後，還有誰會待在這裡呢？這個時間，人們早就飢腸轆轆，找個地方坐下來吃飯了。很開心大自然為我這麼安排。」

不過，氣急敗壞的他一時情緒還無法平靜下來。他一股腦地說出他認為相當確鑿的種種推測。接著才又訕訕地說，雖然他很不情願，卻也只能如此推測。

她秋波流轉，眼睛一直緊盯著他的臉孔。直到他終於把話說完，她用手指頭抵著額頭說：「你……」接著說：「我懷疑我是不是該待在這裡，雖然我知道你會在這個時間來。可是這個地方讓我很開心，我也看到你把我昨天忘記的素描簿帶來了。謝謝你的體貼。你不把簿子給我嗎？」

她最後的問題顯然是有理由的，因為他並沒有要把簿子還給她的意思，只是呆若木雞地站著。他想到自己剛才憑空虛構的蠢事，而且還把它說了出來。為了表達歉意，他趕緊走過去把簿子遞給格拉底瓦，並且機械地坐在她身旁的階梯上。她看著他的手說：「你似乎很喜歡玫瑰花。」

他聽到這句話，突然意識到自己摘了玫瑰花並且拿在手裡的原因，於是回答道：「是的，當然不是為了我自己，妳昨天說過，還有昨晚有人對我說，人們總是在春天贈送玫瑰花。」

她沉思了片刻之後回答說：「啊，這樣，是的，我記得。贈送給別人，我是說，人們並不送人水仙花，而會送玫瑰花。你真是多禮；你對我的看法似乎有所改善。」

她伸手接受他的花。他把花交給她說：「我最初認為，妳只可能在正午時分來這兒，但是妳也可能在其他時間來，這讓我很開心……」

「為什麼會讓你開心？」

她一臉疑惑的神色，卻只是嘴角微微牽動了一下。他魂不守舍地說：「活著真美，以前我從來不會這麼想……我想問妳一件事，」他摸索胸口的口袋，掏出別針說：「這枚別針是妳的嗎？」

她探頭看了一眼，搖頭說：「不，我不記得了。就時間推算，那當然是不可能的，因為這東西可能是今年才出現的。也許你是在太陽底下發現的？美麗的銅緣我的確很熟悉，好像在哪裡見過。」

他不自覺地重複說：「在太陽底下嗎？為什麼是在太陽底下？」

「在我們這裡，『太陽』（Sole）有化育萬物的意思。不是有人說，這枚別針原本屬於一個年輕女孩，據說她和同伴在廣場附近殞命，是嗎？」

「是的，他抱著她……」

「原來如此……」

「原來如此」顯然是格拉底瓦的口頭禪。她頓了頓才又說：「你認為，因為這樣，我可能戴過它嗎？這樣讓你有一點——你以前是怎麼說的？——不開心嗎？」

他顯然感覺如釋重負，回答的語氣也輕鬆許多：「聽你這麼說，我真的很開心，一想到這枚別針是妳的，我就覺得一陣……頭暈。」

「你似乎有這種傾向。你今天早上忘了吃早餐是嗎？這樣的話，這種毛病只會更加嚴重。我不會有這種毛病，但是我會防範，因為我中午才會來這裡。如果我可以和你共享午餐，讓你減輕身體的不適……」

她從口袋裡拿出一片包在紙巾裡的白麵包，掰成兩片，把其中一片放在他手中，津津有味地吃起另一片。此時，她那小巧又完美的貝齒，不僅在兩唇之間映著珍珠般的亮光，也在咬麵包時輕輕作聲，讓人覺得她並不是虛幻的幽靈，而是有血有肉的現實人物。此外，她也正確地猜到他沒有吃早餐。他動作僵硬地咬著麵包，趁機整理他的思緒。就這樣，這對男女不再說話，只是默默專心在同一件事上。格拉底瓦最後才說：「我覺得好像我們在兩千年前就曾經一起吃麵包。你不記得嗎？」

他不記得，但是覺得很納悶她為什麼提到遙遠的時光。肚子裡有了東西，他的腦袋也清醒許多。原本他以為她這麼久以來一直在龐貝城流連徘徊，但是現在這種想法再也站不住腳了。關於她的一切似乎都是現在進行的事，時間幾乎不會超過二十年。她的面孔模樣和色澤，包括那特別迷人的褐色捲髮，以及完美無瑕的牙齒。她的淺色衣服竟然沒有任何污點，在灰燼中保留了那麼多年，顯然有什麼地方不一致。諾貝忽然懷疑自己是否真正坐在這裡，是否清醒著？或者他只是在書房裡做夢？當時他在書房裡沉思著格拉底瓦的種種相似性，就忍不住睡著了，夢見自己到龐貝城遇見活生生的她，他更夢見自己在梅勒阿格羅之家裡和她並肩而坐。她是真的活著，或者是不斷重生，這種事只有可能在夢裡發生，那是違反自然律的……

是的，真奇怪，她剛才說她在兩千年和他一起享用麵包。他一點印象也沒有，就連在夢裡也沒有這種事。

她纖細的左手靜靜放在膝蓋上。手指隱含了解決一個謎題的關鍵。

就連在梅勒阿格羅之家的餐廳裡，他也無法制止家蠅厚顏無恥的騷擾。他在對面黃色柱子上看到一隻家蠅爬上爬下，猥瑣貪婪地尋尋覓覓。此時，牠颼颼飛掠過他的鼻子。

然而，就算他記不得自己曾經和她一起吃麵包，他還是必須回答她的問題。他冷不防回答說：「以前的蒼蠅和現在一樣可惡，把妳煩得要死嗎？」

她盯著他看，露出茫然不解的驚奇神情說道：「蒼蠅？你現在心裡只想著蒼蠅嗎？」

那隻黑色怪物蒼蠅忽然停在她的手上，但是她的手一動也不動，似乎毫不在意。無論如何，這位年輕的考古學家心裡夾雜了兩種強烈的衝動，要他做同樣一件事。他猛然揮手，朝著蒼蠅以及身旁女孩子的手拍下去。

這麼一揮，他才有了真正的意識、一種驚愕，以及一種愉快的驚嚇。他的動作不是穿過虛空的空氣，而是碰觸到真實的、有生命而溫暖的人類的手。這隻手顯然顫抖了一下，被他的手壓著一動也不動。然而，她還是趕緊把手抽回說：「諾貝．哈諾，你真是瘋了。」

他在龐貝城並沒有告訴任何人自己的名字，可是她卻破口而出，從她的嘴唇明確而清晰地說出來，他聽到這個名字，從台階上彈了起來，顯然比她更驚嚇。這時候從廊柱彼端傳來腳步聲。在他困惑的眼睛前面出現了那對同樣投宿法諾之家的的情人。那個年輕女子驚訝地叫道：「柔伊，妳也在這裡？也是來度蜜月嗎？妳都沒有寫信跟我說。」

＋

諾貝回到在墨丘利大道的梅勒阿格羅之家前面。他不清楚自己是怎麼走到那裡的。想必只是本能的動作，只是心裡一個靈光乍現的動機。他只有這樣做，才不會讓那對年輕男女認為他是個莽漢，才不會讓眼前這個和他愉快地寒喧並且叫出他的姓名的女孩認為他是個唐突無禮的人，他更不想自以為是個妄人。即使他沒有抓到什麼，卻存在著一個不爭的事實。格拉底瓦有著人類溫暖的柔荑，並不是虛無縹緲的，而是有血有肉的實體，這是個千真萬確的事實。他的心思在過去兩天裡一直處在完全瘋狂的狀態。他並不是在一場荒誕的夢境裡，他會理性地使用大自然賦予人類的眼睛和耳朵。就像他不了解其他一切事情一樣，他也不了解這是怎麼回事。他只是隱約覺得，在這場遊戲中也有一種第六感，以某種方式占了上風，否則就會錯失了某種珍貴的東西。如果他想要思索這一切，就必須找個僻靜的地方，一個孤寂的環境。無論如何，他必須先強迫自己儘快遠離眼睛、耳朵和其他感官的感知範圍。

至於那隻溫暖的手的主人，從她一開始不怎麼開心表情來看，對於正午時分在梅勒阿格羅之家和他們不期而遇，她似乎很訝異。然而，在下一個瞬間，那張皎若明月的臉孔卻沒有絲毫驚奇的跡象。她很快站起身，走向那個和她說話的年輕女子，伸手說道：「吉莎，確實是很開心的事；幸運之神有時也有些巧思。那麼，這位是新婚兩個星期的丈夫嗎？我很高興見到他，從你們兩人的外表來看，我顯然不需要把祝賀改成慰問。適用慰問的男女現在通常是在龐貝城裡坐下來吃午餐。妳也許是下榻在城門口附近的那家旅館吧？我今天下午會去找妳。是的，我沒有寫信給妳；妳不會為此埋怨我吧，妳看到我的手不像妳的手，上頭沒有任何戒指。這裡的氣氛會讓人的想像力盡情馳騁，我可以在妳身上看出來。當然，總比讓人變得太現實好多了。那個剛走出去的年輕人，也為強烈的妄想所困。他相信有一隻蒼蠅在他腦袋裡嗡嗡叫。嗯，當然，每個人的帽子裡都會有蜜蜂在嗡嗡叫[24]。我有責任，我有昆蟲學方面的知識，所以還可以幫上一點忙。我父親和我住在太陽旅館，他也是突發奇想：只要我負責自己去找樂子，不要煩他，他就答應帶我來這裡。我對自己說，我自己一個人在這裡一定會挖掘出什麼有趣的東西。當然，我完全沒有想到會幸運遇見妳，吉莎。我只是聊聊天消磨時間，面對老朋友，我通常都如此；我父親下午兩點會回到太陽旅館吃飯，我必須去陪他，讓他用餐愉快，所以很抱歉我不能多陪妳。妳當然可以參觀梅勒阿格羅之家，不用我幫忙。我認為妳沒問題的，只不過我不是很了解這個地方。『先生，請！』（Favorisca signor!）『吉莎，再見！』（A rivederci, Gisetta）我就學會這麼多義大利文，其實也不需要更多。如果需要什麼的話，差不多就是『不用了，謝謝！』

24　譯註：指「有固執的想法」。

（senza complimenti）」

她最後這句話是對她年輕的丈夫說的，因為他很體貼地表示要陪她走一段路。她生動而自然地表達了自己的想法，在不期而遇的場合裡，她的反應很得體。而她的言語也透露了她有急事沒辦法久留的心情。就這樣，在諾貝・哈諾匆匆離開不久後，她也從梅勒阿格羅之家走到墨丘利大道。由於正值中午，梅勒阿格羅之家只有畏畏縮縮的蜥蜴偶爾出現，它是唯一的生命跡象。這個女孩猶疑了片刻，顯然陷入短暫的沉思中。接著她就抄近路，走到位於墨丘利大道和沙魯斯提歐之家交叉處的海克力斯拱門，以優雅輕快的格拉底瓦步態穿越過墊腳石，一下子就到了埃爾科拉諾城門口（Porta Ercolano）城牆邊的兩處廢墟。再往前走就是墳墓街，可是並沒有炫目的一片白色，也沒有像二十四小時以前那樣耀眼的陽光，當時那位年輕的考古學家正憑著窗子俯視街道。今日，陽光似乎因為她而覺得自己在早晨多做了點好事，所以沒有那麼熾熱。她眼前出現一層面紗似的灰霧，凝結的程度正明顯增加，色波克利大道（Strada de' Sepolcri）上的柏樹高聳入雲而遮蔽了天空。這種情景不同於昨日，不再是烈日當空，街上也顯得灰濛濛的相當陰鬱，名副其實的死氣沉沉。街道盡頭的死寂更加助長了這個印象。就在狄歐梅別墅的附近，一個幽靈似乎正在找尋其墳墓，然後消失在一處紀念碑底下。

這並不是從梅勒阿格羅之家到太陽旅館的捷徑，反而恰好相反。但柔伊（格拉底瓦）想必認為還不急著吃午餐。她在海克力斯拱門停留了片刻，才往墳墓街的熔岩街區走去，每一步都幾乎垂直抬起後腳的腳底。

十一

「狄歐梅別墅」的名字由來是以前有個自由人（libertus）被任命為該城區的行政官，他名叫馬庫斯．阿利烏斯．狄歐梅（Marcus Arrius Diomedes）。他為了他的夫人阿麗亞（Arria）、他自己以及親戚在附近建了墓園，現代的人就根據這座墓園而命名。這間狄歐梅別墅的面積很大。裡面有龐貝城被毀的歷史，而不是憑空捏造的。上面一大片荒煙蔓草的廢墟，底下則是一座大花園，四周有保存很好的廊柱，加上一座噴泉的殘留物，以及中間的小神殿。再往前走，有兩處階梯通到圓形地下墓穴，裡頭很陰暗。維蘇威火山的灰燼並沒有淹沒其中，人們在那裡挖掘出十八個女子和孩子的骸骨。他們為了尋求庇護所，攜帶著匆匆收集的食物，逃到這個一半在地下的空間，於是這個欺騙了他們的避難所就成為他們的墳墓。在另一個地方，房子的無名主人也直挺挺躺在地上，是窒息而死的。他或許是要穿越上鎖了的花園大門逃走，從他手指裡的鑰匙可以看出來。他身旁有一具蜷曲的骸骨，也許是一個僕人，身上有相當多的金幣和銀幣。這些罹難者的屍體被厚厚的灰燼覆蓋著。在那不勒斯的博物館的玻璃展示櫃裡則保存著一個穿著袍服的年輕女孩的頸部、肩膀和美麗胸部的印模。

狄歐梅別墅一度是每個龐貝城訪客必須造訪的景點，不過現在是正午時分，在它廣闊的孤寂空間裡，的確沒有多少獵奇的人們流連其中。因此，諾貝・哈諾認為它是最適合他的精神需求的庇護所，而這些精神需求也渴望有如置身墳墓一般的孤獨、屏息凝神的寂靜，以及休眠似的安詳氣息。然而，他的心中卻感到侷促不安，起而抗拒這種沉睡似的安詳氣息。他不得不迫使兩種需求相互妥協。如此，理智既要堅持自己的權利，卻又賦予雙腳順從其衝動的自由。所以，自從進來之後，他就穿梭在廊柱之間到處走動；他步履沉穩，也努力要使自己的精神狀態恢復正常。然而，這件事比想像中還要困難許多。當然，就自己的判斷力而言，他無疑是非常愚蠢又不理性的，因為他居然相信自己和一個重生的年輕龐貝女孩並肩坐在一起。他知道自己很瘋狂，而這種想法則是讓他想要恢復理智的基本推力，但是理性還沒完全恢復正常。即使他認為格拉底瓦只是個沒有生命的浮雕，但是她無疑是活生生的人。此外還有個無法辯駁的理由，那就是，不僅是他，其他人也都看到她，知道她的名字叫柔伊，還跟她講話，就像真正活著的人。另一方面而言，她也知道他的名字，有可能是源自超自然的力量。雖然他理性正要撥雲見日，但是這個雙重性仍然是個謎。在他心中又有個類似的雙重性加諸這種使他難以自已的雙重性之上。他真心希望自己也在兩千年前命喪於狄歐梅別墅裡，這樣就不會再在任何地方遇見柔伊（格拉底瓦）。然而，他心裡又有一種莫名的歡喜在騷動著，因為他仍然活著，才可以在某個地方和她重逢。用一個平常卻生動的譬喻，那就像磨坊的輪子在他腦袋裡轉動一樣。他一路奔跑穿越長廊而沒有停歇，但是這無助於他解釋其中的矛盾。相反的，他一直有一種月迷津渡的感覺：他四周和內心一切都越來越陰暗。

然後，他在穿過廊柱的一個角落時，突然遲疑起來。距離他六步之遠的地方，有個在灰燼裡遇難的年輕女孩坐在斷垣殘壁上。

那真是太荒唐了，他的理性沒辦法接受這種事。可是他的眼睛以及一種無以名之的感官卻認為這是個事實。那是格拉底瓦，她坐在一大片石頭廢墟中，就像她以前坐在階梯上一樣，只是前者高了許多。那雙穿著淺白色鞋子晃動的纖細雙腳露出了小巧玲瓏的腳踝。

諾貝本能地想要從廊柱間穿過花園跑出去。有半小時之久，他在世界上最害怕的東西突然出現了，以清澈晶瑩的雙眸看著他。他覺得她的櫻唇正要噗嗤嘲笑他，可是並沒有任何聲響，他只聽到一個熟悉的聲音淡定地說：「你到外面會淋濕。」

他這才發現正在下雨。原來如此，天色才會那麼陰沉。無疑的，這對於龐貝城以及周遭的所有植物而言都是一種利多，但是這個地方的人卻一點也高興不起來。諾貝．哈諾害怕自己的荒謬舉動遠勝於死亡的威脅。因此，他不再想要倉卒離開，只是無助地佇立著，凝視她那的雙腳。這時候，那兩隻腳似乎有點不耐煩而不停地擺盪。這種情景讓他的思潮起伏不定而一時語塞，於是擁有這雙小巧玲瓏的腳的女子再度說話了。「我們剛才的談話被打斷了；你那時正要告訴我有關蒼蠅的事，我想你是來這裡從事科學研究的，或者你當時是要告訴我說你腦袋裡有一隻蒼蠅。你是抓到和捏死停在我手上的那一隻蒼蠅嗎？」

她說完了嘴角漾起一抹微笑，淺淺的笑容讓人心醉，一點也不會令他害怕。相反的，聽了她的問題，他突然有了說話的力氣，但是這個年輕的考古學家卻不知道從何說起。為了逃避這種窘境，他認為最好顧左右而言他，於是說：「就像他們說的，當時我的心智迷亂，請妳原諒我……那隻手……那個模樣……我怎麼會那麼愚蠢，我真的不明白；但是我也不明白那隻手的主人怎麼可能說出我的名字，責備我的……我的瘋狂行為。」

格拉底瓦的腳不再擺盪，依舊以親切的口氣回答道：「諾貝．哈諾，你的理性還沒有完全恢復。當然，我並不會驚訝的，因為我已經很習慣你顛三倒四的模樣了。我不必到龐貝城來就知道了。你原本可以在一百哩外的地方就讓我確定這點。」

「一百哩外？」他重複了她的話，感到很困惑，說話有點結巴。「是在哪裡？」

「就在你家的正對面，在街角的房子；在我的窗子裡，在一只鳥籠裡，那是一隻金絲雀。」

猶如來自遙遠地方的記憶，最後這句話讓他大吃一驚，他重複說：「一隻金絲雀，」接著結結巴巴地說：「牠……牠會鳴囀？」

「金絲雀通常都這樣，特別是在春天陽光溫暖的日子。在那間屋子裡，住著我的父親，動物學教授理查·伯特根（Richard Bertgang）。」

諾貝·哈諾圓瞪著眼睛，從來沒有張得那麼大，然後他說：「伯特根……那麼妳是……是嗎？柔伊·伯特根小姐？但是以前她的外觀看起來完全不一樣……」

兩隻懸空的腳又開始微微擺動，這位柔伊·伯特根小姐回答道：「如果你認為這個名字比較適合我們，我也可以使用它，你知道，但另一種名字對我而言比較自然。我們小時候每天就像朋友一樣追來追去，有時也會賞對方巴掌，我不知道那時我看起來是否有所不同。但是如果你最近幾年看過我的話，應該會知道，我的這個模樣已經有一段很長的日子了。啊，他們真的說對了，現在正大雨傾盆，你的衣服不會任何地方是乾的。」

她的雙腳顯露不耐煩的模樣，聲調也多了些說教且不悅的粗率。諾貝忽然強烈覺得自己可能會變成被責罵和打耳光的大男孩。他再度笨拙地尋找廊柱間的出口，而柔伊小姐最後一句淡定的話，似乎是在指責他的莽撞動作，而且是以相當中肯而難以辯駁的方式，因為就屋外的情況而言，「傾盆大雨」其實是個委婉的說法。這種熱帶暴雨其實不怎麼眷顧夏天坎巴拿鎮乾枯的草地，這時候卻是傾瀉而下，彷彿整個第勒諾海正從天上灌在狄歐梅別墅上，有如一堵由數十億大如堅果的、有如珍珠一般晶瑩閃亮的水滴構成的堅固城牆，可是它卻屹立不動。在這種情況下，要找個避雨的地方確實不可能。諾貝・哈諾只好待在廊柱的「教室」裡，而聰明又嬌媚的「女老師」利用考古學家坐困愁城的機會對他說教起來。她歇了一會兒繼續說：

「那時候，一直到人們不知怎的叫我小姑娘之前，我其實對你一直有一種奇怪的好感，認為這世界上永遠找不到比你更可愛的朋友。我沒有母親、姊姊或哥哥，你知道。對於父親而言，酒精裡的蜥蜴比我有趣得多，而大人們（我認為女孩也是大人）總是有讓他們沉迷的對象。那時候，你就是讓我沉迷的對象，但是當考古學征服了你，我就發現你——恕我無禮，但是你那種文謅謅的新潮語言在我聽起來太無聊了，也不適合我想要表達的——我是說，後來你變成讓人很受不了的人，在我看來，你不再有眼睛，不再有舌頭，也不再記得我們的童年友誼。所以，我也許看起來和以前不同。當我在派對中偶然遇見你時，甚至是去年冬天，你並沒有多瞧我一眼，我也沒有聽到你的聲音。當然，這對我而言並不是什麼殊榮，因為你也是這麼對待所有其他人的。對你而言，我只是空氣。你有一頭鳥窩似淺色頭髮，我以前喜歡拉扯它。你這個人很枯燥無趣，不愛講話，像個白鸚鵡標本，卻又很浮誇，像隻……始祖鳥，我是說那種出土的古老怪鳥。但你的腦袋裡有很美妙的想像力，以致你以為我是在龐貝城裡被挖掘出來而復活的人——這點我倒是沒有想到。當你突然站在我面前，我花了好大的工夫才明白你的想像力捏造了什麼不可思議的幻象。那時候我覺得很有趣，雖然它實在是太瘋狂了，但是我完全沒有感到不悅。就像我說的，我並沒有想到你會這麼做。」

說完，柔伊．伯特根小姐終於和顏悅色地結束了她那直率的說教。她看起來的確很像浮雕上的格拉底瓦，不僅特徵、體態、眼睛、智慧的流露、迷人的捲髮，就連優雅的步態也像極了。奶油色的衣服和圍巾也是精緻的羊毛材料，大量柔軟的衣褶垂下來，簡直是一個模子印出來的。如果相信說一個兩千年前被維蘇威火山毀滅的龐貝城女孩會復活，並且到處走動、講話、畫畫和吃麵包，那實在是太愚蠢的事了。就算這個想法會讓他歡喜雀躍，卻仍然是難以理解的。考慮所有的情況，以及諾貝．哈諾的頭腦狀況，的確可以解釋他這兩天為什麼會認為格拉底瓦復活了。

雖然他站在廊柱屋頂下，身體並沒有淋濕，這時候卻像是一隻被人倒了一桶水而濕漉漉的長毛狗，不過這種「冷水浴」對他倒是有好處。他不是很清楚原因，只感覺到自己呼吸順暢許多。當然，說教結束了——講話的人宛如坐在布道的椅子上——聲調的改變可能對他特別有幫助。至少他眼前出現一線光明，就像因為信仰而喚醒了得救的希望，讓虔誠的信徒看到了光明。被她數落了一頓以後，他確定不會再挨罵了，於是接著說：「是的，現在我明白了，是的，妳完全沒有改變，這就是妳，柔伊，我的善良、快樂而聰明的朋友，這真的太奇怪了……」

「一個人必須死了才能復活。對於考古學家而言，這當然是必要的。」

「不，我意思是妳的名字……」

「為什麼我的名字很奇怪？」

年輕的考古學家顯然不僅熟諳古代語言，也精通德語的字源學。他繼續說：「因為『伯特根』（Bertgang）跟『格拉底瓦』（Gradiva）的意思是一樣，都是指『步態曼妙的人』。」

柔伊．伯特根小姐那雙像涼鞋一樣的鞋子在擺動著，讓人想起不知在等待什麼的鶺鴒，尾巴不耐煩地上下擺動。然而步態婀娜多姿的兩隻腳的主人，似乎沒有在注意對方的語言學說明。她的表情讓人覺得她在考慮接下來要怎麼辦，因而沒有聽到諾貝．哈諾信滿滿地高聲說：「可是，幸好妳不是格拉底瓦，而是像那個很投緣的年輕女子一樣！」

她聽了臉上掠過驚奇的神情，問道：「誰？你說的是誰？」

「在梅勒阿格羅之家跟妳說話的那一位。」

「你認識她嗎？」

「是的，我早先見過她。她是第一個讓我特別感到投緣的人。」

「是嗎？你在什麼地方看到她？」

「今天早晨，在法諾之家。這對男女在那裡做些奇怪的事。」

「他們在做什麼事？」

「他們沒有看到我，他們在接吻。」

「那的確很合理，你知道。他們是來龐貝城蜜月旅行，還能有什麼其他理由呢？」

最後一句話像使得諾貝．哈諾眼前的畫面一下子改觀了。古老的城牆廢墟一片空蕩蕩的。剛才選擇它作為教師的椅子和講壇的女孩走了下來，或者其實是飛走了，並且露出有如飛越天空的鶺鴒的愉快模樣。他還沒有來得及意識到她走下來，她那格拉底瓦似的雙腳就站在他眼前直率地說：「嗯，雨停了；太嚴厲的統治者是不會掌權太久的。這也是很合理的，你知道，現在一切又回歸理性了。我是不會的，但是你可以去找吉莎．哈特勒本（Gisa Hartleben），或者不管她還有什麼新名字，提供她科學的幫助，幫助她完成她在龐貝的目的。我現在必須去太陽旅館，我父親也許在等我一起用餐了。也許我們什麼時候會在德國的什麼派對或在月球上再見。再見！」

柔伊．伯特根以一位有教養的年輕女子有禮而冷漠的語氣說。然後，她一如往常地踏出左腳，右腳則幾乎垂直地抬起腳跟。由於外面到處是水窪，她用左手輕輕撩起衣服，這時候的她和格拉底瓦一模一樣。男子站在不到兩肘的距離，第一次注意到，在這個活生生的景象當中有個不是很重要的差異。浮雕少了少女的什麼特徵，這個特徵現在特別顯著，那就是她臉頰上有個若隱若現的小酒渦。酒渦輕輕收攏、起皺，表現懊惱或想要大笑又壓抑衝動，或許是兩者一起發作。諾貝・哈諾一時看得痴了。雖然從剛才的證據來看，他已經完全恢復理性，但是他的眼睛卻再度為了一種光學幻覺而心神不寧。他有了個新發現，因而得意地叫出來：「蒼蠅又來了！」

這句話聽起來很奇怪，所以看不到自己而又莫名其妙的女孩就問道：「蒼蠅？在哪裡？」

「在妳的臉頰上！」男人在回答的同時忽然用一隻臂摟著她的頸項突襲他——這次是用嘴唇——深惡痛絕的蒼蠅，而且誤以為酒渦裡有一隻蒼蠅。然而，他並沒有抓到，於是緊接著又大叫：「現在，現在是在妳的嘴唇上！」於是，他以快如閃電的動作要去捉牠。這次，他停留在她身上的時間很久，無疑可以完全達到他的目的。說也奇怪，這位活生生的格拉底瓦完全沒有抗拒他。過了約莫一分鐘，她的嘴唇不得不掙扎著喘口氣，雖然恢復說話的能力，她卻沒有說：「諾貝・哈諾你真的瘋了。」絳紅色的嘴唇反而蕩漾著一抹迷人的微笑，比剛才的微笑更明顯。她更加相信他已完全恢復理性了。

狄歐梅別墅在兩千年的一個災難時刻見證了可怕的事情，然而，現在的它在大約一小時的時間裡只聽到和看到完全不會讓人心生恐懼的事。柔伊・伯特根小姐產生了一個強烈的理智念頭，很不情願地說道：「現在我真的必須走了，否則我那可憐的父親會挨餓的。我認為你今天中午可以放棄吉莎．哈特勒本小姐了，因為你不會從她身上知道什麼，你應該寧可待在太陽旅館吧。」

從這句話可以認定，他們想必在那個小時中討論了什麼事，因為這句話顯示這個年輕女人教了諾貝一些有助益的東西。然而，從其他話語來看，他並沒有想到這件事，而只是想到另一件事，而他是第一次清楚意識到的，從他的回答可以看出來。「妳的父親……他會……？」

然而柔伊小姐卻打斷他，並沒有透露任何的焦慮：「也許他什麼都不會做；我並不是他的動物標本裡不可或缺的東西，如果是的話，我的心也許就不會如此不理智地惦記著你。更何況，我小時候就很確定一件事：世上的女人只有不再讓男人為了家事而煩惱，她才是有用的。我也會為我的父親分憂解勞，你未來在這方面也不用擔心。可是如果父親在這件事上剛好和我意見不一致，我們會盡可能讓事情簡單。你到卡布里島幾天，用草做誘餌——你可以在我的小指上練習——抓一隻法拉格利歐尼蜥蜴。讓牠在這裡爬來爬去，在父親面前抓住牠。然後讓他在蜥蜴和我之間自由選擇，那麼我跟你保證，他一定會把我許配給你。然而，今天我才覺得欠了他的同事艾墨一份人情。要不是他發明了抓蜥蜴的方法，我也許就不會到梅勒阿格羅之家，這會是個很遺憾的事，不僅對你而言，對我也是。」

她在狄歐梅別墅外面就說過這個看法。世上沒有人可以描寫格拉底瓦說話的聲音和模樣。就算她說話的聲音和模樣很像柔伊・伯特根，正如其他的任何方面，她還是擁有罕見的美麗而慧黠的魅力。

諾貝・哈諾心裡小鹿亂撞而按捺不住，他的心情簡直到了詩意的境界，於是叫了出來：「柔伊，你是我寶貴的生命，有妳在真好，我們一定要到義大利和龐貝城來享受蜜月旅行。」

這是個明確的證明：人的心情會隨著外境而轉變，記憶也會減弱。他完全沒有想到，在旅程中，他自己和他的女伴會聽到火車上那些孤僻而壞脾氣的人，說他們就像奧古斯都和格萊特一樣討厭。但是此刻，他幾乎不去想及此事，他們手牽手穿過龐貝城古老的墳墓街。當然，在此時此刻，他們也不在意這點，因為萬里無雲的天空又在頭上照耀、歡笑。陽光在溶岩塊上畫出一張金色毛毯，維蘇威火山伸展著它那霧濛濛的圓錐煙柱，而整個被挖出的城市經過大雨的洗禮之後，不再是滿覆石礫和灰燼，而是處處閃爍著珍珠和鑽石。

這位動物學家的女兒目光流盼、雙瞳翦水，和眼前的美景相互輝映。但是，針對她這位從灰燼中挖掘出的童年朋友所說的旅行目的地，她那靈巧的嘴唇則是回應說：「我認為我們今天不必擔心這件事；我們兩人最好想清楚一點再說，以後再來討論。至少現在我沒什麼興致決定地點的問題。」

這證明了說這話的人對於自己的判斷力的謙虛態度。他們走到了海克力斯拱門。古老的墊腳石在領務大道（Strada Consolare）路口跨越街道。諾貝．哈諾在墊腳石前面停下來，以特殊的語氣說：「請在這裡向前走。」他的同伴則是報以會心的微笑。這位在格拉底瓦身上復活的柔伊．伯特根，用左手輕輕提起自己的衣服，就在她的同伴心醉神馳地看著她的時候，踏著安詳而愉快的腳步穿過陽光，越過墊腳石，走到街道的另一邊。

國家圖書館出版品預行編目資料

幻覺與夢：佛洛伊德與威廉煙森的《格拉底瓦》/ 佛洛伊德（Sigmund Freud），威廉．煙森（Wilhelm Jensen）著；陳蒼多 譯. -- 初版. -- 臺北市：商周出版，城邦文化事業股份有限公司出版；英屬蓋曼群島商：家庭傳媒股份有限公司城邦分公司發行，民110.09

面： 公分

譯自：GRADIVA: Ein pompejanisches Phantasiestück; Der Wahn und die Träume in W. Jensens "Gradiva"

ISBN 978-626-7012-73-4（平裝）

1.精神分析 2.文學評論

175.7 110013825

幻覺與夢：

佛洛伊德與威廉煙森的《格拉底瓦》

原著書名 / GRADIVA: Ein pompejanisches Phantasiestück; Der Wahn und die Träume in W. Jensens "Gradiva

作者 / 佛洛伊德Sigmund Freud、威廉．煙森Wilhelm Jensen

譯者 / 陳蒼多

校訂者 / 林宏濤

企劃選書 / 林宏濤

責任編輯 / 劉俊甫

版權 / 黃淑敏、劉鎔慈

行銷業務 / 周佑潔、周丹蘋、黃崇華、賴正祐

總編輯 / 楊如玉

總經理 / 彭之琬

事業群總經理 / 黃淑貞

發行人 / 何飛鵬

法律顧問 / 元禾法律事務所 王子文律師

出版 / 商周出版
臺北市中山區民生東路二段141號9樓
電話：(02) 2500-7008 傳眞：(02) 2500-7759
E-mail：bwp.service@cite.com.tw

發行 / 英屬蓋曼群島商家庭傳媒股份有限公司城邦分公司
臺北市中山區民生東路二段141號2樓
書虫客服服務專線：(02) 2500-7718．(02) 2500-7719
24小時傳眞服務：(02) 2500-1990．(02) 2500-1991
服務時間：週一至週五09:30-12:00．13:30-17:00
郵撥帳號：19863813 戶名：書虫股份有限公司
E-mail：service@readingclub.com.tw
歡迎光臨城邦讀書花園 網址：www.cite.com.tw

香港發行所 / 城邦（香港）出版集團有限公司
香港灣仔駱克道193號東超商業中心1樓
電話：(852) 2508-6231 傳眞：(852) 2578-9337
E-mail：hkcite@biznetvigator.com

馬新發行所 / 城邦(馬新)出版集團 Cité (M) Sdn. Bhd.
41, Jalan Radin Anum, Bandar Baru Sri Petaling,
57000 Kuala Lumpur, Malaysia
電話：(603) 9057-8822 傳眞：(603) 9057-6622
E-mail：cite@cite.com.my

封面設計 / FE設計葉馥儀

排版 / 新鑫電腦排版工作室

印刷 / 高典印刷事業有限公司

經銷商 / 聯合發行股份有限公司
電話：(02) 2917-8022 傳眞：(02) 2911-0053
地址：新北市231新店區寶橋路235巷6弄6號2樓

■2021年（民110）9月初版

定價 340元

Printed in Taiwan

城邦讀書花園
www.cite.com.tw

ISBN 978-626-7012-73-4

商周出版

廣　告　回　函
北區郵政管理登記證
台北廣字第000791號
郵資已付，免貼郵票

104台北市民生東路二段141號2樓

英屬蓋曼群島商家庭傳媒股份有限公司　城邦分公司

請沿虛線對摺，謝謝！

商周出版

書號：BK7104　**書名：**幻覺與夢　**編碼：**

請於此處用膠水黏貼

商周出版

讀者回函卡

不定期好禮相贈！
立即加入：商周出版
Facebook 粉絲團

感謝您購買我們出版的書籍！請費心填寫此回函卡，我們將不定期寄上城邦集團最新的出版訊息。

姓名：＿＿＿＿＿＿＿＿＿＿＿＿＿＿＿＿＿＿ 性別：☐男 ☐女

生日：西元＿＿＿＿＿＿年＿＿＿＿＿＿月＿＿＿＿＿＿日

地址：＿＿＿＿＿＿＿＿＿＿＿＿＿＿＿＿＿＿＿＿＿＿＿＿

聯絡電話：＿＿＿＿＿＿＿＿＿＿＿＿ 傳真：＿＿＿＿＿＿＿＿＿＿

E-mail：

學歷：☐ 1. 小學 ☐ 2. 國中 ☐ 3. 高中 ☐ 4. 大學 ☐ 5. 研究所以上

職業：☐ 1. 學生 ☐ 2. 軍公教 ☐ 3. 服務 ☐ 4. 金融 ☐ 5. 製造 ☐ 6. 資訊
☐ 7. 傳播 ☐ 8. 自由業 ☐ 9. 農漁牧 ☐ 10. 家管 ☐ 11. 退休
☐ 12. 其他＿＿＿＿＿＿＿＿＿＿＿＿＿＿＿＿＿＿

您從何種方式得知本書消息？

☐ 1. 書店 ☐ 2. 網路 ☐ 3. 報紙 ☐ 4. 雜誌 ☐ 5. 廣播 ☐ 6. 電視
☐ 7. 親友推薦 ☐ 8. 其他＿＿＿＿＿＿＿＿＿＿＿＿＿＿

您通常以何種方式購書？

☐ 1. 書店 ☐ 2. 網路 ☐ 3. 傳真訂購 ☐ 4. 郵局劃撥 ☐ 5. 其他＿＿＿＿

您喜歡閱讀那些類別的書籍？

☐ 1. 財經商業 ☐ 2. 自然科學 ☐ 3. 歷史 ☐ 4. 法律 ☐ 5. 文學
☐ 6. 休閒旅遊 ☐ 7. 小說 ☐ 8. 人物傳記 ☐ 9. 生活、勵志 ☐ 10. 其他

對我們的建議：＿＿＿＿＿＿＿＿＿＿＿＿＿＿＿＿＿＿＿＿＿＿
＿＿＿＿＿＿＿＿＿＿＿＿＿＿＿＿＿＿＿＿＿＿＿＿＿＿＿＿
＿＿＿＿＿＿＿＿＿＿＿＿＿＿＿＿＿＿＿＿＿＿＿＿＿＿＿＿

【為提供訂購、行銷、客戶管理或其他合於營業登記項目或章程所定業務之目的，城邦出版人集團（即英屬蓋曼群島商家庭傳媒（股）公司城邦分公司、城邦文化事業（股）公司），於本集團之營運期間及地區內，將以電郵、傳真、電話、簡訊、郵寄或其他公告方式利用您提供之資料（資料類別：C001、C002、C003、C011 等）。利用對象除本集團外，亦可能包括相關服務的協力機構。如您有依個資法第三條或其他需服務之處，得致電本公司客服中心電話 02-25007718 請求協助。相關資料如為非必要項目，不提供亦不影響您的權益。】

1.C001 辨識個人者：如消費者之姓名、地址、電話、電子郵件等資訊。
2.C002 辨識財務者：如信用卡或轉帳帳戶資訊。
3.C003 政府資料中之辨識者：如身分證字號或護照號碼（外國人）。
4.C011 個人描述：如性別、國籍、出生年月日。

請於此處用膠水黏貼